江苏宜兴紫砂陶·汪寅仙

中国手艺传承人丛书

潘鲁生 主编

韩明 袁硕 ◎著

手艺人

SHOU YI REN

国家出版基金项目
NATIONAL PUBLICATION FOUNDATION

● 国家出版基金项目

● 『泰山学者』建设工程专项经费资助项目

● 深圳市文化创意产业发展专项资金资助项目

海天出版社（中国·深圳）

图书在版编目（CIP）数据

江苏宜兴紫砂陶：汪寅仙 / 潘鲁生主编；韩明，
袁硕著. —深圳：海天出版社，2017.6
　　（中国手艺传承人丛书）
　　ISBN 978-7-5507-1934-7

　　Ⅰ.①江… Ⅱ.①潘… ②韩… ③袁… Ⅲ.①汪寅仙
－生平事迹 Ⅳ.①K825.72

中国版本图书馆CIP数据核字（2017）第065179号

江苏宜兴紫砂陶·汪寅仙
JIANGSU YIXING ZISHATAO WANG YINXIAN

出 品 人　聂雄前
项目负责人　于志斌
责任编辑　杨月进
责任校对　万妮霞　赖静怡
责任技编　梁立新
封面设计　惠　岩
装帧设计　周　阳
排版制作　深圳斯迈德设计 0755-83144228

出版发行　海天出版社
地　　址　深圳市彩田南路海天综合大厦（518033）
网　　址　www.htph.com.cn
订购电话　0755-83460397（批发）　0755-83460239（邮购）
排版制作　深圳市斯迈德设计企划有限公司（0755-83144228）
印　　刷　深圳市华信图文印务有限公司
开　　本　889mm×1194mm　1/16
印　　张　13.75
字　　数　244千
版　　次　2017年6月第1版
印　　次　2017年6月第1次
定　　价　268.00元

中國手藝傳承

高延甲

主编简介

　　潘鲁生，1962年生。艺术学博士、国家二级教授、博士生导师。现任全国政协委员、中国文学艺术界联合会副主席、中国民间文艺家协会主席、山东省文学艺术界联合会主席、山东工艺美术学院院长。系中央直接掌握联系的高级专家、中国文化名家暨全国宣传文化系统"四个一批"人才、享受国务院政府特殊津贴专家、"泰山学者"特聘教授、中国美术家协会工艺美术艺委会主任、教育部高等学校设计类专业教学指导委员会副主任、国家非物质文化遗产保护工作专家委员会委员。

　　开展民艺研究与保护实践，推进大学民间文艺传承。率先提出"民间文化生态保护"理念，组织实施"民间文化生态保护计划"，出版《民间文化生态调查》，抢救整理民间美术手工技艺120余项。主持国家社科基金艺术学重大招标项目及中宣部、教育部、文化部大型课题，构建中国"民艺学"学科体系，出版《民艺学论纲》等学术专著，参与编纂《中国民间美术全集》，提出发展"农村文化产业"、构建中国"手艺学"等命题，研究成果填补专业领域空白。创办中国民艺博物馆，将数十年来收集的民间美术藏品向社会常年免费开放。创建"中国民艺国际视频网站"，在中国美术馆举办"手艺农村——山东农村文化产业调研成果展"，致力于传承、推广民艺文化。先后荣获中宣部精神文明建设"五个一工程"奖、"国家社会科学基金项目优秀成果"一等奖、首批"全国非物质文化遗产保护先进工作者""中国文联文艺评论奖"一等奖，获评"上海世博会先进个人"，多次受党中央、国务院表彰。

韩 明

韩明，1981年出生于山东安丘，现为山东工艺美术学院数字艺术与传媒学院教师，山东大学文艺学方向博士研究生在读。

袁 硕

袁硕，1985年出生于山东曹县，2011年毕业于南京艺术学院获硕士学位，现为山东财经大学艺术学院教师。

作者简介

中国手艺传承人丛书

国家社科基金艺术学重大项目

"城镇化进程中民族传统工艺美术现状与发展研究"子项目

中国手艺传承人丛书

中国手艺传承人丛书总编委会

前言

手艺传承文化

　　手艺原本就是我们日常生活的一部分。居家过日子的家什物件儿、女儿出嫁的被褥衣裳、娃娃出生起即陪伴身边的虎头鞋帽、走亲访友的面花儿点心小食、祭祀丧俗的纸扎纸马，还有年节里的年画、剪纸、红灯笼……可以说，每个家庭都离不开手艺。生活里许许多多重要时刻都有手工艺品的装点陪伴，朴素、温暖，充满情谊，包含着做事的礼仪和做人的道理。随着工业化和商品化的快速发展，传统手艺似乎一夜间淡出了我们的生活，街头巷尾的工匠、艺人早已踪迹难觅，传统的女红绣品变成了记忆，一些宝贵的民间技艺濒临失传，人们的家庭日用品更多地依赖商场、超市中流水线生产的现成商品，传统手艺已从热热闹闹的生活中心悄悄走向了当代生活的边缘。

　　今天的人们需要反省自问：是把祖辈的造物智慧、生活品质传承下去，留给子孙一个具有传统文脉、感情温度、人生道理并充满艺术之美的生活世界，还是只余下贫瘠枯燥的数字、徽标和符号？是给在古丝绸之路即享誉世界的"中国制造"重新植入文化的芯片，注入文化创造力的灵魂，复兴中华的造物文明，还是消耗资源环境、代工生产？其实，答案不言而喻。传统手艺是一条丰富的文化矿脉，我们应从中找回民族文化的自信，把传统造物的文脉和创造力发扬光大。

　　手艺的传承和发展，要增进全社会对手艺文化价值的认识，通过艺术、设计、教育以及我们的日用与感知，推动手艺融入当代社会；同时，一定要牢牢守住保护与发展的根基和底线，保护好作为手艺传承载体的传承人，避免"人亡艺绝"、传承断代、文化断流的危机和困局。这也是我们编撰"中国手艺传承人丛书"的初衷。

目前，从政策层面看，我国关于手艺传承人的制度性保护与扶持在不断健全。自 20 世纪 50 年代起，在国家"保护、发展、提高"的方针下，传统手艺人的社会地位和生活水平不断得到提高。1979 年，轻工业部第一次授予部分传统手艺传承人"中国工艺美术大师"的称号，对手艺人的独特艺术成就和重大贡献给予肯定。到 1997 年，国务院出台《传统工艺美术保护条例》，以行政法规形式关心和支持工艺美术大师的创作。2011 年，国家颁布了《中华人民共和国非物质文化遗产法》，对包括手艺传承人在内的非物质文化遗产项目传承人在评选、认定、技艺传播、传承、法律责任等方面做出法律界定，据此我国评选出优秀非物质文化遗产项目的国家级、省级、市级代表性传承人，实现了传统非物质文化遗产传承的有效续接，使许多珍贵的、濒临失传的手艺得以留存、恢复和发展。当前，更为关键的是把这些政策落实好，有传承的措施、传承的监管、传承的教育，使那些真正的手艺传承人真正把传统技艺传承好、发展好。

从教育角度看，对手艺传承人的培养经历了一个转折，正走向多元化。一段时间以来，由于从父到子、从子到孙的传统生活方式、生活意识、生活习惯等因素弱化，传统手工艺传承的"师徒制"也逐渐弱化，民间传承机制在很大程度上被消解，直接导致手工艺传承的危机加剧。当前，随着非物质文化遗产保护立法，传承人保护和梯队建设开始受到重视，民间手工艺传承状况有所改善。同时，专业教育的培养也经历了一个转折。20 世纪 50 年代，我们将"工艺美术"确定为艺术学科、专业的标准名称。1956 年，中央工艺美术学院成立后，各地相继成立工艺美术院校。自 1958 年到 1964 年，成立了北京市工艺美术学校、上海工艺美术学校、苏州工艺美术专科学校、青岛工艺美术学校、河南工艺美术学校、福建工艺美术学校、河北工艺美术学校，而山东工艺美术学院的前身为"济南市工艺美术技工学校"（1973 年成立），这些院校主要为工艺美术行业的发展输送人才。但自 20 世纪 80 年代以来，国内相关领域展开了声势浩大的"兴设计""废装饰"的论争，并在 1990 年前后进一步波及教育领域，导致 1998 年《普通高等学校本科专业目录》中"工艺美术"被二级学科"设计艺术"取代，早期成立的工艺美术院校大多转型发展。到 2011 年，"工艺美术"专业得以恢复。目前，全国有 29 所高校设立"工艺美术"专业。从整体上看，行业传承、公众传习、学校教育的多元化格局正逐渐形成并不断健全。

从技术手段看，手艺传承人保护工作从无形走向有形，形成了多样化的保护档案记录形式。我国自 21 世纪初全面推进非物质文化遗产保护行动，许多专家、学者及各省、自治区、直辖市文化主管机构借力现代传媒优势，利用文字、录音、影像等技术手段，通过现场记录、传承人口述、历史文献梳理等方式，加强对非物质文化遗产项目代表性传承人的抢救性保护，出版了大量著述，留存了丰富的文献信息。我们编撰的这套"中国手艺传承人丛书"也是国家社会科学基金项目"中国当代民间工艺美术研究"的子课题，开展了田野调研、档案记录和理论研究，并得到了深圳市文化创意产业发展专项资金、山东省艺术学"泰山学者"建设工程专项经费的支持，我们作为研究者感到十分欣慰。

应该说，手艺传承人的保护与发展任重道远，充满机遇和挑战。构建以手艺文化为基础、以技艺为核心、以传承人为主导的活态传承发展系统，是推动传统手艺当代传承与创新的关键。具体来看，以手艺文化为基础，要使传承人参与到传统节日、民俗文化、工艺传统的社会交流中来，并团结相关民间团体和研究机构展开宣传推广、传授知识技能、组织文化活动，推动建立社会公众对传统手工艺的文化自觉，促进多元参与和群体传承，而非让深厚的传统技艺沦为旅游经济下的简单表演，让手艺传承人变为浅尝辄止于普通技艺表演的"机器"。以技艺为核心，要从工艺发展的角度发掘不同代表性的手艺人的价值，鼓励其对手艺进行有效保护，警惕技艺"衰退"，更不能使"非物质文化"失去文化而只留物质的空壳，丢弃了技艺传承的核心。以传承人为主导，既要以传承人为核心原汁原味地传承传播，也要鼓励传承人参与相关领域行业与质量标准的建立、文化咨询建议等，发挥创意、实践、管理服务等多元作用。总之，5000 年不断的手艺文脉具有内在的丰富性，传承人是其灵魂与核心，在文化转型的持续进程中，我们要保护好民族文化的活态因子，使手艺传承人发挥持续的创造力。这也是我们策划出版这套"中国手艺传承人丛书"的立意所在。

"中国手艺传承人丛书"隶属"手艺中国书系"。在 2012 年丛书策划之初，我们即深感手艺传承人及其技艺抢救与记录工作的紧迫性。当年，团队成员准备采访山东鄄城砖塑技艺国家级代表性传承人谢学运时，得知艺人刚刚离世的消息，不禁扼腕叹息。我在 30 多年前曾到他家进行调研，由于条件所限，当时只对他的手艺作品进行了采集，没有对他的技艺过程进行全面梳理，而今成为遗憾。其实，谢学运获评国家级代表性传承人已有数年，但在过去的数年时间里，是否有人对谢学运的独特技艺做过专门而翔实的记录和研究？在时间面前，我们的回答显得苍白无力。另外，在调研采访过程中，我们也发现不少艺人因年老体衰、精力不济、财力有限等因素，在手工技艺传承、创新及发展上有心无力，只能勉强维持现状。有的传承人虽然富裕起来了，但由于过度产业化、商业化，一些传承人变成了老板，已无心传承。因此，本丛书着力以手艺传承人为线，注重对"艺人"的个体记录，通过对手艺传承人技艺绝活的全面梳理与深入剖析，系统阐述人、技艺、材料、工具等手艺核心要素之间的活态关系，突显手艺传承人的独特价值，总结手艺创作基本规律与经验，呈现传统手艺发生、发展、传承的过程，发掘传统手艺的意匠巧工之美。

此丛书团队成员以山东工艺美术学院中青年专业教师为主体，整合了全国有关高校的教师及博士研究生、博士后参与，他们长期与我们团队一起从事手艺人保护调研工作，拥有丰富的手艺田野调研经验，编撰队伍年轻而富有朝气。

丛书在手艺传承人选择方面，主要选取在手艺保护、衣钵传承、工艺传承等方面具有代表性的艺人，涉及织绣、雕刻、捏塑、金工锻造、编织、家具木作、版刻图绘、装潢彩扎、髹漆9个手艺门类，调研范围包括北京、山西、内蒙古、上海、江苏、浙江、山东、河南、湖南、广东、广西、青海、新疆等省、自治区、直辖市。受时间及精力所限，本丛书仅从其中撷取20位优秀手艺传承人做深入调查、记录与研究，虽然在调研对象选择及调研涉猎广度上存在不足，手艺传承人的调研体系也有待完善，但希望为开展手艺及手艺人保护与相关研究提供一些参照，为传承活态传统工艺、延续手艺文脉、呈现手艺之美尽绵薄之力。敬请国内同行专家提出宝贵建议，共同为构筑"手艺中国"添砖加瓦。

潘鲁生

甲午芒种于历山作坊

目 录

第一章

拜师学艺

汪寅仙生于宜兴丁蜀镇一个陶业作坊家庭。少时家境艰难，小学毕业后，她经考试进入蜀山陶业生产合作社紫砂工场，成为一名学徒，自此结缘紫砂，步入艺途。在学艺阶段，汪寅仙曾先后师从吴云根、蒋蓉、裴石民、朱可心、王寅春、顾景舟等紫砂老艺人学艺。她认真刻苦，善于钻研，不仅掌握了紫砂光货和花货的全套技艺，而且为以后的壶型创新打下了坚实的基础。

| 第一节 | 陶业世家

汪寅仙1943年出生于江苏省宜兴市丁蜀镇太湖之滨的一个陶业作坊家庭。宜兴市位于江苏省南部，东濒太湖，北临滆湖，境内还有东氿、西氿等湖泊。秦朝始置阳羡县，隋朝更名为义兴县，宋朝改为宜兴县。宜兴陶器历史悠久，以日用陶器为大宗，紫砂陶有壶、杯、碟、瓶、花盆、雕塑、缸、坛、砂锅等品种，与均陶、彩陶、精陶、青瓷并称宜兴陶瓷的"五朵金花"。（图1-1）

丁蜀镇，亦称鼎蜀镇，东靠太湖，由丁山（鼎山）、蜀山、汤渡三镇组建，当地的大潮山、兰山、南山、黄龙山紫砂陶土储量丰富，历史原因使得该地逐渐发展成为宜兴紫砂陶器的主要产地。这里新石器时代就有原始陶器生产，东汉时已经成为制陶中心，唐代时有了古代龙窑和匣钵烧制青瓷的技艺。丁蜀镇蠡墅村西北的羊角山北宋窑始见早期紫砂陶器，有胎质较粗的提梁壶、高颈壶、矮颈壶、紫砂罐等器物残片[1]。南京明代嘉靖十二年（1533）司礼太监吴经墓出土的器形完整的紫砂提梁大壶，泥料、制作技法与烧制工艺与羊角山古紫砂残片一致。明代中期宜兴出现了专业制陶工场，明代后期，紫砂壶开始盛行，时大彬等制壶名家人才辈出。到清代紫砂生产迅速

---

[1] 文物编辑委员会. 中国古代窑址调查发掘报告集 [R]. 北京：文物出版社，1984：59-63.

⬆ 图1-1　前墅龙窑位于宜兴市丁蜀镇前墅村，创烧于明代，延烧至今，是目前仍以传统方法烧制陶瓷器的一座龙窑，见证了宜兴陶瓷业的发展

发展，造型样式日渐丰富，甚至被选为宫廷贡品。紫砂壶上有艺人印章，各流派之间技术保密，有"传男不传女"之说。（图1-2）

　　民国初年，宜兴成立了紫砂行会组织"紫砂同业公所"。紫砂生产分布在蜀山、潜洛、上袁一带，主要品种有紫砂茶壶、花盆、瓶、鼎、盅、碟、文房饰品，销路畅通，在江苏、浙江、安徽、福建、山东、上海、江西等地都有兼营紫砂的陶瓷商店。

△ 图1-2　宜兴丁蜀镇蠡河岸边的蜀山南街

1917年江苏省政府在宜兴蜀山成立国营江苏省紫砂陶业工厂。1921年，宜兴利用陶器公司在蜀山开办陶工传习所。1927年，在蜀山设立江苏公立宜兴职业学校窑业科，14年抗战期学校虽停办，但仍然推动了紫砂行业的发展和紫砂人才的培养。1930年，宜兴长江水灾和战乱原因，使得紫砂行业逐渐凋敝。1945年抗战胜利，学校复校并改名为江苏省立陶瓷职业学校，王世杰任校长，办学至1949年。中华人民共和国成立以后，地方政府十分重视传统紫砂工艺的恢复、保护和发展，1950年11月，成立紫砂产销联营处；1954年，在蜀山建立紫砂工艺合作社，朱可心等30多名老艺人入驻合作社。1956年，江苏省人民政府任命任淦庭、裴石民、吴云根、王寅春、朱可心、顾景舟、蒋蓉七位紫砂艺人为"技术辅导"，开始了新一代紫砂艺人的培养和手工紫砂陶艺的传承工作，紫砂行业逐渐得到恢复。（图1-3、图1-4）

　　汪寅仙成长于紫砂行业由凋敝到恢复的年代，她的爷爷、奶奶、父亲、母亲均从事陶瓷行业。奶奶制作陶瓷产品，爷爷做验货工作。1937年，日军入侵丁蜀镇，战火毁坏了许多陶窑和厂房，汪寅仙的爷爷也被日本人杀害，留下了4个年幼的孩子。汪寅仙的奶奶是个正直好强的人，心灵手巧，17岁时从无锡嫁到丁山后便从事陶瓷

🔺 图1-3 蜀山与蜀山南街概貌

🔺 图1-4 蠡河岸边的蜀山南街

↑ 图1-5　汪寅仙在家中庭院

生产，家庭作坊能够生产建筑陶和卫生陶产品，丈夫遇害后，便带领家中长子、汪寅仙的父亲汪秋生①开设了雇有三名工人的陶业作坊，主要生产电器陶、卫生陶和建筑陶，也制作培育优良种子的陶盆。由于他们的作坊能够不断推出新产品，而且质量高，销路越来越好。他们生产的金黄釉、绿釉琉璃瓦在中华人民共和国成立之初还被选为南京博物院大殿屋顶整修用建筑构件。中华人民共和国成立后，汪寅仙的奶奶成为宜兴红卫陶瓷厂设计组组长，受到工厂重用，专门负责开发新产品。汪寅仙与奶奶感情很好，从小跟随奶奶制作日用陶瓷，上学识字后也教奶奶读书识字，后来掌握了紫砂技艺也常协助奶奶设计陶瓷样品；奶奶则将孙女当"女儿"看待，给了汪寅仙很多关爱。这位老人辛劳一生，去世时91岁。（图1-5）

父亲汪秋生是家中长子，面对家中变故，16岁便放弃学业开始跟随母亲经营陶业作坊，他不仅善于经营，而且对于陶瓷釉料颇有研究，曾经成功试制出墨釉、绿釉、宝蓝釉、豆红釉、金黄釉等釉料。1954年，丁蜀镇成立陶业生产合作社，汪秋生凭借出色的业务技术成为合作社的一名中层干部，丁蜀镇西装社的第一台内蒙古粉碎机就是由他购置引进的。汪秋生的妻子从事砂锅一类日用陶瓷制作，他们育有两男

---

① 汪秋生，立秋日生，上学时曾用名汪士诚。

五女共七个子女。由于子女众多，尽管夫妇二人勤勉持家，日子依旧过得十分艰辛。1958 年，汪秋生接受任务赴上海购置新的机器设备，为了还清支付给中间人的 100 元中介费，向丁蜀镇的釉水厂售卖了自家原来试釉多余的一小袋氧化钴，这小罐釉料在合作化物资缴公时因为量小、不起眼而未被工作人员收缴。在 1958 年整风"反右"运动中，此事被人写了大字报诬告"盗卖国家财产"，汪秋生不堪受辱跳河自尽。后来，汪寅仙的叔叔在空军部队文工团入党政审时，部队组织调查家庭成员的政治经济问题，汪秋生的事情才得到澄清。

汪寅仙是家中长女，自幼便十分懂事，父亲工作忙，母亲每天要起早贪黑靠赶制计件制砂锅生产任务挣钱贴补家用，她便承担起了家务。每天做好早饭去上学，放学早回家要烧水做饭、刷锅洗碗、捶泥巴，晚上时间要一边做作业一边照顾弟弟和妹妹们。在这样的条件下，汪寅仙的读书生活十分辛苦。汪寅仙与紫砂艺术的初次结缘是从小学五年级的一次参观展览开始的。当时，丁蜀镇在学校操场上举办地方特产展览，其中有各式各样的紫砂产品。汪寅仙虽然生长于陶业作坊家庭，那次却是她平生第一次接触紫砂，精美绝伦的水平壶、佛手壶、果品等产品引起了她极大的兴趣，她暗下决心，将来从事紫砂行业。

1956 年，14 岁的汪寅仙小学刚毕业，同学的兄长高海庚告之蜀山陶业生产合作社紫砂工场"紫砂工艺班"第二次向社会招收学徒，待遇是每月 9.6 元钱伙食费，另有 2 元钱零用钱。汪寅仙觉得如果能进厂工作，不但能够养活自己，还能为家里增加一份收入，支持两个弟弟上学，便毫不犹豫地报了名。村主任时如林为她开具了介绍信。宜兴陶瓷合作社主任胡兆根是汪父的领导，了解汪寅仙的家庭困难，及时对她的申请进行了审批。入场考试分三部分进行，动手能力测试、画作临摹测试和面试。动手能力测试的题目是用泥巴捏制方器和圆器，汪寅仙不仅完成了题目的要求，而且还额外制作了一方砚台。临摹测试由老艺人任淦庭主持，考试题目是临摹他在黑板上绘制的一幅"喜鹊登梅"图案。面试考官的问题是"你为什么要来学习紫砂"，汪寅仙说，紫砂是闻名中外的一种陶瓷，自己十分喜欢。一周后，汪寅仙接到了工厂的录取通知。（图 1-6 ~ 图 1-8）

1956 年 11 月 8 日，汪寅仙正式进入蜀山陶业生产合作社紫砂工场，成为一名学徒。汪寅仙进场时合作社连同第一批学生在内总共 80 余人，学习的车间原来是流浪乞丐住的地方，经丁蜀镇政府整修改为工场的学习场所。

图1-6　蜀山南街即景

图 1-7　蜀山南街即景

图1-8 蜀山南街即景

| 第二节 | 师从吴云根

　　汪寅仙在"紫砂工艺班"的第一位启蒙老师是艺德高尚的吴云根。从 1956 年 11 月正式进入合作社吴云根学徒班组学艺，到 1958 年 4 月转入蒋蓉的班组，汪寅仙跟随吴云根学习了一年半左右的时间，这段时间紫砂光货技艺的训练为她今后的紫砂从艺之路打下了坚实的基础。师徒之间建立了深厚感情，亲如父女，成为汪寅仙从艺生涯中一段难忘的经历。（图 1-9）

　　吴云根（1892~1969），原名芝莱，宜兴和桥镇人。少时家贫，14 岁拜师汪生（升）义时，所穿的鞋子脚趾和后跟都露在外面。由于他勤奋刻苦有悟性，三年满师后就已经在业内小有名气。在他中青年时代时局动荡，紫砂行业萧条，他边卖苦力边做紫砂壶，年纪轻轻便成为当地的紫砂名手。1915 年，吴云根经江苏宜兴利用陶器公司介绍，同杨阿时、李宝珍等人一起被山西省平定县平民陶器厂聘请为技师。在山西三年的时间里，吴云根等人改良山西当地窑炉烧制成类似宜兴紫砂的山西陶器，并且培养了一批制陶技术人员，促进了平定陶业的发展。返回宜兴后，吴云根在铁画轩工作。1927 年，吴云根受聘于南京中央大学陶瓷科任技术员，结识了民国时期的紫砂职业教育家、江苏省立宜兴职业学校校长王世杰，并于 1931 年转任江苏省立宜兴职业学校窑业科技师，其间他将自己的师弟朱可心推荐进校担任技师，两人共同总结前人经验，在王世杰校长的支持下，他们进行了产品创新工作，壶艺格调得到提升。中华人民共和国成立后不久，1954 年，吴云根参与创办了蜀山陶业生产合作社。1955 年 10 月，蜀山陶业生产合作社紫砂工场开始招收第一批学员，培养紫砂制作技艺人才，吴云根担任紫砂成型技术辅导员。吴云根制壶风格朴实稳重，技艺全面，擅长光器、花货、筋纹器等各类器型的创作，用色上偏爱使用对比色塑作紫砂壶，壶体与附件用两种泥色处理，注重茗壶整体的气韵，讲究虚与实、方与圆的对比效果。他十分重视紫砂陶艺的写生技巧，尤其对竹的形态特别关注，教导艺徒们制壶讲究形似的同时更重神似，要懂生态规律，识其品相，从生活中体会写生，方能融会贯通 [①]。

---

① 韩其楼.中国紫砂茗壶珍赏 [M].上海：上海科学技术出版社，2001：197.

↑ 图 1-9　吴云根与徒弟合影，左一为汪寅仙

　　1956 年，64 岁的吴云根与其他六位紫砂艺人被江苏省人民政府任命为"技术辅导"，同年 11 月，陶业生产合作社招收了第二批学员共 30 人，分为两个班，老艺人王寅春和吴云根任辅导，各带一个班。汪寅仙被分在了吴云根的班组，与一位师姐共用一个泥凳，两人各坐一边，15 个人在一个小厂房里学习制作紫砂产品。吴云根有长期从事陶艺教学的经历，在教学上积累了一套成熟的经验，他对学员进行的是全手工制壶技艺培训，按工艺步骤设计了分阶段练习计划，每个步骤都要进行考试，经常用抽查、考评的方法激发学徒的进取心，这个方法与现代院校的教育理念不谋而合。

　　在吴云根的指导下，汪寅仙的紫砂学习是从捶泥开始的。当时所用的泥料是生粉，师傅用水将生粉拌和后分配给学员用榔头锤炼。捶泥对学习紫砂艺术的人来说是一个打基础的过程，千百次的锤炼锻炼的是学徒从事紫砂艺术的恒心和毅力。泥巴捶好以后开始打泥片，师傅示范，徒弟模仿练习，泥片打到一定程度后，每个学员把自己的名字刻在上面，摞在一起由师傅点评打分。师傅点评的主要标准是泥片的形状是否符合规格、质地厚薄是否达标。学员通过考试后再依次进入打泥条、打身筒、搓壶嘴壶把、同盖子、粘接成型等阶段的学习。为了不浪费泥料，吴云根让学员们将多余的锐泥混合锤炼后继续使用。汪寅仙完成的第一个紫砂器型是一方七层泥片的圆砚台，直口，空心，有盖子、底座，可以盛水。学徒们每学好一种壶型后，师傅便会示范新壶型的制作步骤，时间上没有特别的规定，只会通过抽考来检验学生学习的进度。汪寅仙跟随吴云根学习了以光货为主的贡壶、柿园壶、果园壶、犀蹬壶和木瓜壶五种壶型的制作技艺。吴云根在教学中要求学员制作时要按部就班地按照操作程序进行，要又好又快，他认为做不快的人也一定做不好。他还特别强调工作时的动作和坐姿要正确，两脚踏在地上要着实平稳，特别不能弯腰，这样在长时间工作时能缓解疲劳，同时也能避免驼背问题的产生。

工场里面很多学徒是初中或者高中毕业的，只有小学毕业的汪寅仙总觉得自己在文化积累和技术练习方面学得不够，所以她总是私下里找机会多学习。汪寅仙与同学们在蜀山老南街工场，早上到东坡书院做早操，白天跟随师傅学技术，晚上又到东坡书院上夜课学文化。工场从宜兴中学请来吴汝连教授素描课，许作甫教授语文课，时间安排得规律又紧张、充实。汪寅仙一直坚持上夜课，后来工场夜课结束以后，她继续在丁蜀镇工会办的夜校里面学习初中语文，这些学习机会让她的文化修养也得到了很好的提升。星期天是工场休班的时间，汪寅仙经常在星期六的时候偷偷把窗子插销推上去，第二天爬窗进场练习做壶，在这种你追我赶中度过的学习生活让她觉得开心而充实。星期天，汪寅仙有时会回家帮母亲做家务活，做完以后都会摸黑走三里地从丁山赶回蜀山的工场过夜，因为只有住在工场宿舍第二天才能比其他同学更早到学习车间。

汪寅仙也经常私下里学习制作花货的"琢挡活"①，一般在小泥片上面攀一些梅枝、树叶、竹枝。吴云根看到后十分高兴，亲切地称呼汪寅仙为"老长梗"②，认为她虽然开始成绩不如其他学徒，但是学习的内容很丰富，便将她引荐给了擅长制作花货的同门师弟朱可心。吴云根年长朱可心一轮，他们都是因为家庭贫困 14 岁时拜汪生

① 艺人口中花货的称谓。
② 老长梗，宜兴方言，意思为家中年龄最小的女儿。

义为师学习紫砂技艺。汪寅仙在班组年龄最小，练习时力气不够，刚开始学习时成绩并不算好，排名在第三类的中间层，吴云根对汪寅仙进行了悉心辅导，在师傅的指导和个人的勤奋努力下，汪寅仙的成绩逐渐跟了上去。

吴云根为人仗义耿直，宽厚善良，心地真诚，在学生眼中是一位和蔼可亲的慈祥长者。他平时爱运动，有时会练习抛石锁，身体结实，精神饱满，常笑眯眯地面对学生，传授技艺耐心细致，毫无保留，在生活上对学生的关爱也无微不至。吴云根跟汪寅仙一样学艺时年14岁，也是家境困难，可能正是因为这一点，他在学习和生活上给予了汪寅仙更多关心。有一次他把汪寅仙叫到身边问："老长梗啊，人家手头短缺都到我这里来调点钱用的，你为什么不来？"当时正值汪寅仙家庭生活比较困难的时期，虽然汪寅仙并不需要师傅的资助，但这样的关心让她感受到一种父亲般的关怀，十分温暖。吴云根常向汪寅仙讲述自己年轻时从艺的种种艰辛经历，勉励她刻苦学艺。师傅胸怀宽广、大度谦和的为人处世方式给了逆境中的汪寅仙更为坚定的生活信念。

在整个学艺阶段，汪寅仙的生活和学习条件十分艰苦。每月工场会给学徒发放9.6元钱饭菜票，其中4.8元钱菜票，4.8元钱饭票，另有2元零用钱。汪寅仙的2元零用钱从来都是一分不少地交给父母贴补家用，她从来不去看戏或者看电影，也不去买零食。每个月她会将节省下来的饭票和工人交换成钱，用于购买蜡烛、袜子等生活日用品。进厂的时候，家里只能提供一床被子，冬天寒冷天汪寅仙就跟同样家庭条件困难的师姐合铺睡，两个人的被子一个垫，一个盖。家里给的旧搪瓷脸盆底部有一个小洞，汪寅仙就用棉花塞好坚持用，有的时候从河里端来一盆水洗脸，脸洗完了，水也漏光了，后来汪寅仙才用节省下来的钱买了一个新脸盆。当时工场还没有电灯照明，晚上加班学习时家庭条件好的学徒会买煤油灯来照明，汪寅仙买不起，就用2分钱一支的蜡烛来照明。对汪寅仙来说，即使这样也比家里条件好多了，因为在工场食堂用餐能够吃上相对可口的饭菜。通常，汪寅仙和师姐共用早餐，两人轮流买1分钱的萝卜干。食堂午餐和晚餐提供甲、乙、丙三种菜，汪寅仙经常买的是丙菜，只有冬天时增加一份萝卜汤。她很少买甲菜，只有星期天时会买一份甲菜带回家给弟弟妹妹吃。汪寅仙说，自己是个比较容易满足的人，这样的生活她从来没有觉得苦，反而觉得已经比家里的生活甜很多了。

1958年4月，吴云根要担任紫砂工艺厂新招收的100名学徒的辅导工作，汪寅仙便被分配到蒋蓉身边继续学习，跟随吴云根的学习经历为她制作紫砂光货打下了牢固基础。

|第三节|拜师朱可心

　　汪寅仙是从裴石民的班组转入朱可心门下学艺的。1958 年，紫砂工艺厂为了
重点培养紫砂工艺技术人才，厂工会组织了学徒拜师活动。在拜师之前，汪寅仙曾
在吴云根的引荐下，常利用周末时间跟随朱可心学习紫砂花货制作。后来，工厂要
求朱可心重点带两名徒弟时，他点名汪寅仙和范洪泉为他重点培养的徒弟。同年 9
月，汪寅仙便正式转入朱可心门下学艺。朱可心是党员，拜师仪式由厂工会安排在
党支部会议上举行，师徒双方在工厂事先油印好的文件上签名，厂领导作为见证人
宣布双方确立师徒关系。汪寅仙已经在两年的学习中基本掌握了光货制作技艺和部
分花货品种制作技艺，在此后整整一年的时间，汪寅仙跟随朱可心专攻紫砂花货技
艺，个人的技艺水平得到了提高和完善[①]。汪寅仙在朱可心身边完成了第三年的壶艺
学习，顺利毕业。（图 1-10）

　　朱可心（1904～1986），原名朱凯长，生于江苏宜兴蜀山北厂大街背河一户贫民
家庭，父亲朱伯荣以编织芦席为生。7 岁求学，由于家庭贫困，14 岁朱可心拜汪生义
为师学习紫砂工艺，20 岁时壶艺已经得到认可。1927 年受聘于江苏公立宜兴职业学校
任技工，任职期间创作的《云龙鼎》获 1932 年美国芝加哥博览会特级优奖。抗日战
争期间，学校停办，朱可心被迫以做坯谋生。1945 年，抗战胜利后，江苏公立宜兴职
业学校更名为江苏省立陶瓷职业学校恢复办学，朱可心任技师。20 世纪 40 年代制作
的《一截竹段壶》《松鼠葡萄壶》为当时杰作。中华人民共和国成立初期设计的《云
龙壶》被南京博物院收藏。1953 年，朱可心参加了文化部在北京举办的全国美术工艺
观摩大会，作品获奖。1954 年，参加中央美术学院华东分院（现中国美术学院）首届
民间美术工艺研究班学习，为期 5 个月，授课教师有黄宾虹、邓白、潘天寿等。1955
年，朱可心研究班结业后回到蜀山，动员分散在各地的紫砂艺人成立蜀山陶业生产合
作社，出任副主任，主管生产技术。1955 年，他的《仿古大型竹提壶》《松竹梅三友

---

① 汪寅仙：《铭记恩师朱可心 紫砂艺术勇攀登》，刊载于《紫砂意象·朱可心师生作品集》，2011 年 11 月。

↑ 图1-10　1958年冬，朱可心（右一）在授课。前排左二为汪寅仙

壶》《一截竹段壶》出国展出。1959年仿制成功《项圣思桃杯》。1970年，创制《报春壶》《常青壶》，法度严谨而又不失新意。从艺60余年，作品以花货居多，善于利用松、竹、梅、柏、桃、葡萄壶等题材进行创作，融自然美于壶艺之中，求新求变，富有想象力。（图1-11）

　　跟随朱可心学习的一年，对汪寅仙来说是其紫砂从艺之路关键的一年。朱可心教学很认真，他要求学徒每一个品种不仅要学会还要做好。每学一个品种朱可心都会做示范，汪寅仙跟着做。在学做的过程中，朱可心会留心观察学徒的制作手法，对错误的操作及时纠正，对于难点会一遍遍耐心讲解示范，学徒的每一点进步都让他十分

☗ 图 1-11　1959 年，朱可心授课场景。朱可心左侧为汪寅仙

高兴。工具对制作花货作品来说十分重要，比如做树桩痈节、枝梗转折及花叶卷曲都需要特殊的工具处理复杂多变的细部，因此，除了一般的工具外，花货技艺还需要一些特殊的小工具。朱可心制作的小工具合理有趣，能一具多用，方便灵活。在每教授一个品种的制作技艺时，对于工具的制作要领朱可心也一一传授。如制《梅桩壶》的点缀，必须要像绘画一样，布局合理富有诗意。怎样将浮雕堆塑在壶体上，才能做到疏密关系布局合理又恰当？朱可心常用画家所说的"梅桩好画点缀难"来提示学徒们用心处理。朱可心认为，做竹子类的花货要按照竹子的生长规律来做，才能突出竹子的特征和灵气，因此他要求学徒多看名画，常到自然界中去体验、观察，把握自然生

物的特征。他还常给学徒讲述"板桥画竹，胸有成竹"的道理。在教授《松竹梅壶》时，朱可心的身边增加了学徒，一个人忙不过来，便由汪寅仙和师兄先学会法则，再去教新入学的学徒，用"传帮带"的办法传授技艺，因此，朱可心班组的学习气氛十分活跃。

经过一年多的学习，汪寅仙又掌握了《松竹梅壶》《梅段壶》《松段壶》《圆松鼠葡萄壶》《大型竹提茶具》等品种的制作工艺。在1959年学徒工毕业考试时，汪寅仙以年级第三名的成绩毕业，定级为二级工，以二级副的标准拿工资①，这对家境艰难的汪寅仙来说是极大的鼓舞。学习结业后，汪寅仙继续在朱可心身边专门从事花货制作。

1959年下半年，紫砂工艺厂厂长薛如友带队，车间主任张纯奇、老艺人朱可心及汪寅仙等参观南京博物院，在地下库房见到了国家一级文物《项圣思桃杯》。杯身以苍劲的桃梗作为把手，桃叶和枝蔓作基座，半只桃子构成杯体，在杯体上塑着大小老嫩14片桃叶，叶片大小比例适中，老梗新枝变化生动，穿插转折紧凑自然，桃梗的表皮有细腻的纹理。整个杯体用上好的红泥制作，构思独特，借用了工笔画的某些手法，枝梗叶片秀润挺括，显示出如在阳光雨露下的生机，做工精细，捏塑和烧制的难度都很大。前人有很多紫砂作品取材桃子、桃叶，但能够做到生动逼真的很少，这件《项圣思桃杯》艺术手法运用完美，朱可心称赞为"神品"，汪寅仙也觉得这件作品"妙手天成，简直高不可攀！是紫砂花器中的骄傲"。薛如友见大家对这件作品评价如此高，便与时任南京博物院院长曾昭燏协商将桃杯借回工厂仿制。时任厂党总支书记江中开会决定由朱可心老艺人负责仿制，汪寅仙被指定为一同仿制边看边学的学生。得知消息后，汪寅仙为个人能够有机会学习仿制自己所崇拜的作品感到激动，这成为她从艺生涯的一次重要机遇。（图1-12）

朱可心接到任务后就全身心投入仿制工作中。当时正值1959年冬天，出于保护原件的考虑，朱可心只能在个人宿舍仿制，那时没有取暖设备，他身穿棉袄，外披旧棉大衣，肩搭长围巾，夜以继日地揣摩桃杯的制作方法，又冷又疲劳时，就豆腐干喝一盅白米酒暖身提神。汪寅仙常陪同朱可心工作到深夜12点，师傅总是催她早回去休息。汪寅仙走后，朱可心则继续工作到凌晨两三点钟。仿制桃杯的难度主要在于如何在一个桃子上面配饰大小不等的14片叶子。有一片叶子做得规格不合适就放不上去，做得太大就会挤掉其他的，做得太小空隙大不美观。还有小桃子以及枝梗如何处

---

① 学徒毕业，一级工的工资是每月27元，二级副的工资是每月29.8元。

△ 图1-12　1972年，朱可心（左三）与徒弟们在红阳桥上合影。左一为汪寅仙

理得干净、生动，桃叶如何做到如在阳光雨露下那样鲜活，都需要仔细地推敲、观察。在仿制时，朱可心首先想到的是，如何解决将梗、叶、桃3个支点均匀、放平、定位的问题，朱可心和汪寅仙讨论后，用硬纸开三角板作为桃杯三个角定位的方式解决这个问题，即按照三角形摆的样法来对梗、叶、桃3个支点的位置进行精确定位。如何保证烧制过程中杯口的圆整也是一个重要问题。因为做坯时杯壁外侧有枝梗紧贴着杯口，烧制过程中梗子收缩会对杯身形成拉力，造成杯口变形。朱可心想到的解决方法是做一块泥片卡在杯壁内侧同时入窑烧制，这样就保证了杯口的圆整度。

　　在朱可心仿制桃杯的4个月中，汪寅仙跟随师傅边做边学，师傅做一片叶子，她也跟着做一片叶子。经过反复的尝试，叶子能够做到很像，但是经切割贴到杯体上后，在动势上总是缺乏原作的精气神。之后又经过反复的尝试，他们最终解决了桃叶的虚实关系。由于红泥的收缩率较大，朱可心最后仿制成功的桃杯，采用的是收缩率较小的紫泥，保证了成功的概率。汪寅仙由此不仅掌握了攻克紫砂花货难关的技巧，也受到了师傅对于紫砂艺术追求一丝不苟、刻苦钻研精神的熏陶、感染，朱可心对艺术的执着追求、勇于创新的敬业精神也成了鼓舞汪寅仙在紫砂事业上前行的动力，用她自己的话说，这个过程"好似搭起了一架通向紫砂传统技艺高峰的神梯"，让她的紫砂技艺和精神境界都有了飞跃性的提升，从此更加深爱花货技艺。（图1-13～图1-15）

《项圣思桃杯》仿制任务完成后，汪寅仙因工作调动从师傅身边转到其他岗位工作，但是朱可心对徒弟仍然十分关心。1962年，应对外文化联络部邀请，紫砂工艺厂决定再次仿制《项圣思桃杯》参加苏联莫斯科展览。考虑到朱可心当时的身体状况，工厂将仿制任务交由汪寅仙完成，朱可心负责指导工作。汪寅仙在仿制过程中，采用了朱可心仿制的方法，使用紫泥制作，并吸取了师傅烧制过程的经验。为克服烧造过程中的杯体变形问题，汪寅仙进一步设计了专门用于支撑杯口完整的架座，将桃杯反扣在支撑座上，避免与杯体叶片和口沿的接触，再在支撑座上钻出出气孔，保证烧制时空气的自由流动，让杯体受热均匀。这个支撑座的设计，还有效避免了壶坯容易在窑车前进时受损的问题。经过窑具革新，汪寅仙烧制壶坯的成品率有了很大的提高，这个过程也让她深刻体会到了窑具设计合理的必要性，窑具设置好了，烧一个壶坯便能够成功一个。《项圣思桃杯》仿制成功后，朱可心与汪寅仙、倪顺生三人，亲自将作品送到北京，由相关部门送往莫斯科参展。

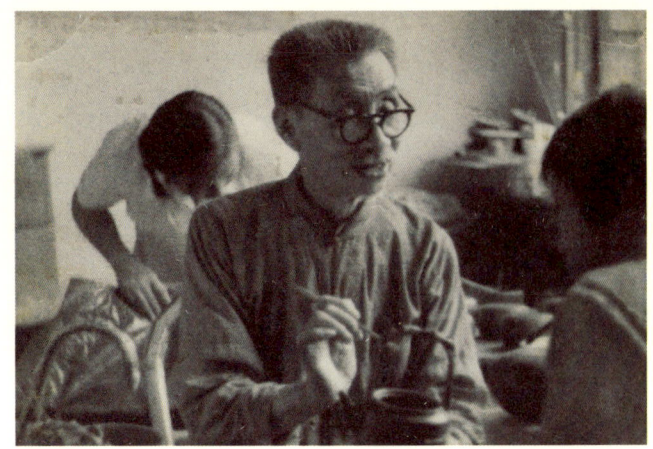

▲ 图1-13　20世纪80年代中期，朱可心到汪寅仙工作室指导创作

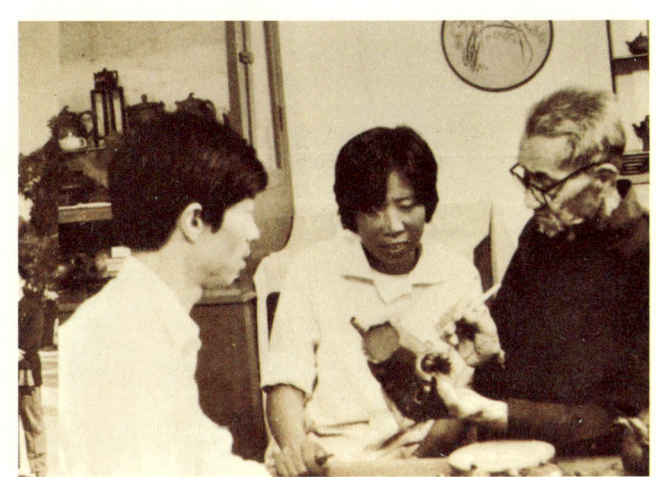

▲ 图1-14　20世纪80年代中期，朱可心指导徒弟。中为汪寅仙，左为汪寅仙的徒弟江建翔

▲ 图1-15　1985年，汪寅仙与师傅朱可心

| 第四节 | 博采众家之长

　　吴云根、朱可心之外，汪寅仙也曾短时间跟随蒋蓉、裴石民、王寅春、顾景舟等老艺人学艺。可以说，作为中国工艺美术大师和宜兴紫砂技艺国家级传承人，汪寅仙之所以能够取得今天的成就，是一代老艺人辛勤培养的结果。

一、学艺蒋蓉

　　汪寅仙是在跟随吴云根学艺一年半，因吴老要带新学员，所以转至蒋蓉身边学艺的。蒋蓉 1919 年生于川埠潜洛六庄村紫砂世家，祖父蒋祥元在清代后期就在紫砂界颇有名气。蒋蓉 20 岁时到上海跟随伯父蒋宏高学习制作紫砂仿古器。1942 年受聘于上海收藏家虞顺恩，在虞家花园设计制作紫砂花盆，有机会观摩虞家珍藏的大批古玩字画。1943 年回乡制壶，1955 年加入蜀山陶业合作社，制作 9 件国礼紫砂果品。蒋蓉制作的紫砂果品达到几可乱真的程度。1965 年秋，蒋蓉作品在北京举办的江苏省工艺美术展览上展出，郭沫若看到蒋蓉的果品如此逼真，拿起紫砂花生做出往嘴里放的动作，同行的夫人于立群赶忙阻止，惹得观展的人哄堂大笑。我国工艺美术学者张道一先生评价蒋蓉的紫砂花货，在泥色的发挥和运用上下的功夫很不简单[①]。1993 年蒋蓉荣获"中国工艺美术大师"称号，1998 年退休，2008 年辞世。

　　1958 年 4 月，汪寅仙和同级学徒朱丽君、鲍月兔、鲍赛芬一起从吴云根、王寅春两位老艺人的班组转到蒋蓉身边学习。汪寅仙跟随蒋蓉学习了 3 个月的时间，主要是捏塑菱角、花生、白果、核桃、荸荠、茨菇、西瓜子、葵花子等果品及荷叶托盘等案头清供。果品在紫砂工艺中是以模仿自然形态见长的艺术品类，蒋蓉善于将自然界中的动植物形象中的美运用到茶具、酒具等器皿制作中，充分发挥紫砂五色土的材质之美，作品色彩鲜丽，生动逼真，富有艺术内涵。汪寅仙在蒋蓉身边的时间虽短，但是收获却很大。蒋蓉平易近人，常毫无保留地手把手传授技艺，深受学生们的爱戴。

---

① 汪寅仙:《深切怀念蒋蓉大师》，刊载于《宜兴紫砂》，2012 年。

她深入田野观察动植物在自然中的生长形态这一创作方法，以及为追求事业成功辛勤付出的精神，都给汪寅仙留下了深刻的印象。深入生活，学习自然也成了汪寅仙紫砂创作的重要特点。1958 年 7 月，紫砂工艺厂在"大跃进"运动中招收了 1000 名学徒，由于教师力量缺乏，在蒋蓉身边刚学习完整套果品捏塑技艺的汪寅仙便被抽调担任 47 名新学徒的班级"小辅导"。[①]

蒋蓉去世后，汪寅仙曾赋诗追念蒋蓉一生艺术成就。"紫砂七位老艺人，五十年代政府任。女士蒋蓉为唯一，从艺经历七十春。生性好学多才艺，瓜果荷花莲藕鲜。瓜子核桃红菱艳，花草鱼虫活灵现。紫砂艺苑春满园，传承技艺乐在先。大师一生热心肠，乐善好施多奉献。改革开放机会好，迎来春光夕阳艳。鸿爪紫泥留倩痕，紫砂春秋永芬芳。"

二、学艺裴石民

裴石民是汪寅仙非常崇敬的老艺人之一，她曾两度跟随裴石民学艺。第一次是1958 年 9 月汪寅仙在当过短暂的小辅导后，回到蒋蓉身边时因没有位置，转而跟随裴石民学习了两个月。第二次是在"文革"前，两次加起来有近半年时间，裴石民的创作风格也深深地影响了汪寅仙。

裴石民（1892～1979），原名德民，又名庆云，蜀山镇人。15 岁拜姐夫江左臣为师学艺，22 岁到利用陶器公司制作紫砂器。1920 年曾为宜兴近代名士储南强收藏的《供春树瘿壶》配盖，后又为《项圣思桃杯》配盘。1930 年在上海制作各式仿古紫砂壶和盆景，他所仿制的陈鸣远作品可以乱真，享有"鸣远第二"的美誉。1940 年回到宜兴，自产自销。中华人民共和国成立后与其他紫砂艺人参加了生产合作社。1958 年进入宜兴紫砂工艺厂。他擅长制作紫砂文房雅玩，光货、花货皆佳，代表作有《上松段茶具》《五蝠蟠桃壶》《双圈石鼎壶》等。裴石民平时言语不多，心地善良，讲究仪表，人有涵养，工作兢兢业业，是公认的人品艺品皆佳的好老师。

1958 年 7 月至 9 月，虚龄 16 岁的汪寅仙为 47 名新入厂的学徒当了不到 3 个月的小辅导。后来，宜兴县政府动员初中、高中未毕业的学徒回学校读书。汪寅仙得知消息后，打报告要求回师傅身边继续学艺。此时，蒋蓉身边的学徒工位置已满，裴石

---

① 汪寅仙：《深切怀念蒋蓉大师》，刊载于《宜兴紫砂》，江苏省宜兴陶瓷（紫砂）文化研究会主办，2009 年 3 月。

民与蒋蓉同在一个工作室，他的一名徒弟因被分配去当小辅导有个空位子，便让汪寅仙到他身边学习。汪寅仙十分高兴地接受了老艺人的邀请。在裴石民身边，汪寅仙不仅喜欢观摩老艺人制作的风格浑厚古朴的紫砂作品，同时也喜欢研究他制作的精巧工具。他常用的一把铜尖刀和三角尖刀是琢挡桃叶、荷叶得心应手的工具。汪寅仙跟随裴石民学习的是《新石桃壶》的制作工艺，其间还观看了裴石民创作多类紫砂作品的创作过程：有不规则的长方形荷叶盘托着活灵活现的螃蟹，还有寄托祝福之情的《五蝠蟠桃壶》《南瓜壶》《牛盖莲子壶》以及珍玩《小茄子》《青蚕豆》，等等。汪寅仙第一次到裴石民身边学艺时，裴石民66岁，当时工厂对老艺人没有下达生产任务，也没有规定作息时间，但是裴石民每天坚持按时上下班，而且工作起来全神贯注，对作品精益求精。

汪寅仙第二次到裴石民身边学习时裴石民已73岁高龄，在患有支气管哮喘病的情况下仍然坚持拄拐杖上下班。汪寅仙感念裴石民的传艺恩情，空余时间主动担负起照顾老人的义务，帮他清洗痰盂。裴石民后来还多次中风，经常请厂医许悦珍为他治疗，在裴夫人的精心护理下生命得以延长。裴石民病重期间，汪寅仙去探望时裴夫人赠送了裴石民作品的旧照。照片中记录的作品门类多样，色彩丰富，格调高雅，品种有茶壶、茶具、花盆、花瓶、文房雅玩、陈饰摆件，光货和花器兼有。花果、鸟虫、田螺、螃蟹、小金钱龟、乌龟、三脚蟾、骆驼等仿生小品及《四角龙笔架》《虎头爵杯》《青菜花插》《束腰菱花瓿》《栗子杯》《葫芦杯》《堆花杯》《堆花云龙帽筒》《梅桩壶》《松桩壶》等作品生动逼真，充满情趣，体现了裴石民对紫砂艺术之美的追求[1]。裴石民为《项圣思桃杯》所配的杯托，采用了树瘤题材，痡节苍老古朴，纹理生动完美，妙趣横生。

三、学艺顾景舟

在汪寅仙的学艺路上，顾景舟也是一位重要的老师。顾景舟（1915~1998），中国工艺美术大师，原名景洲，早年别号曼晞、武陵逸人、荆南山樵，晚年自号壶叟。出生于川埠上袁村紫砂世家，18岁中学毕业后继承父业，开始了陶艺生涯。20世纪30年代，顾景舟应上海古董商郎玉书之邀到上海制壶，其间结识了许多著名书画家，

① 裴峻峰．石民冶陶——裴石民紫砂艺术 [M]．上海：上海古籍出版社，2009．

制壶艺术逐渐成熟。1955 年，加入蜀山紫砂陶业合作社。顾景舟从艺 50 余年，传艺授徒施艺严谨，作品风格简润挺秀。顾景舟于 20 世纪 70 年代与中央工艺美术学院教授高庄合作的《提壁壶》，80 年代与韩美林合作的《美提壶》《此乐壶》以及个人创作的《雪华壶》《汉云壶》《上新桥壶》《如意仿古壶》等皆为传世名作。(图 1-16)

20 世纪 60 年代初，顾景舟与学徒们同住在蜀山南街毛家老楼宿舍。宿舍区由前后两排楼房组成，原是紫砂工艺厂办公场所，新厂建成以后，改建为学徒和老艺人宿舍。朱可心住在前排楼房下层，楼上为男学徒工宿舍，顾景舟住在后排楼房下层，楼上为女学徒工宿舍。汪寅仙住在女学徒工宿舍，出入都要经过顾景舟的宿舍，因此当面请教顾景舟的机会很多。顾景舟有时晚上给汪寅仙等学徒工进行一些技术理论指导。他的知识面很宽，会讲授制图、配样板、紫砂史、阳羡茗壶系、陶瓷工艺学等内容，有时会将自己收藏的紫砂作品拿给学徒看，点评风格特点，有时也会用口头考核的方式督促汪寅仙加强紫砂技艺及文化方面的学习。他要求学徒多学文化，提高素养，多观察、多动脑。顾景舟对待学生"身教"重于"言传"，他常讲，一件作品能够做得起不算本事，要拿得住才算本事。

紫砂工艺厂研究室原来只有顾景舟、徐汉棠、高海庚三人。高海庚经常被借调到陶瓷公司技术科工作，汪寅仙有时会在研究室忙的时候去协助工作。1973 年 3 月，紫砂工艺厂研究室扩大，由原来的三人编制扩大到 10 多人，汪寅仙也被调到研究室专门从事创作设计，与朱可心同一室。汪寅仙每天上班都要经过顾景舟的工作室。顾景

图 1-16　20 世纪 60 年代初，顾景舟向汪寅仙示范壶艺

舟没有门户之见，非常关心汪寅仙紫砂技艺的提高，常常向她讲解技术法则和要领。汪寅仙紫砂文化方面的很多知识都是顾景舟传授的。

在制壶方面，汪寅仙直接得到顾景舟指点制作的茶壶有 3 个品种：《供春壶》《牛盖莲子壶》和《风卷葵壶》。《风卷葵壶》原作为清代制壶名家杨凤年所作，是汪寅仙在仿制传统壶型过程中比较喜欢的一个造型。1958 年紫砂工艺厂灌浆生产这个壶型时，汪寅仙曾经参与修整壶坯。20 世纪 70 年代末，汪寅仙偶然在顾景舟的办公台上见到了收藏家华荫堂捐赠的《风卷葵壶》原作，为原作流畅的造型所吸引，便向顾景舟提出了仿制《风卷葵壶》的请求。顾景舟没有马上应允，而是先向汪寅仙询问了对壶型的理解。顾景舟问："这把壶好，好在哪里？还有哪些地方要改进的？"汪寅仙回答说："这个壶设计非常不容易，把花的纹样已经图案化了，是非常完美的一个东西。最好能在原样的基础上口盖稍稍放大一点点，可能会更加好看和切当。"顾景舟觉得汪寅仙说得有道理，便同意了她的请求。在仿制《风卷葵壶》的过程中，顾景舟在配制工具及样板等方面也给汪寅仙提供了很多指导。（图 1-17）

1979 年，在完成香港罗桂祥的"名人名作"高档订货过程中，汪寅仙得到了顾景舟的悉心指导。1982 年，研究室更名为紫砂研究所，成立了特艺班，顾景舟每星期五为优秀青工上技术课，用他的实践经验讲授紫砂壶制作的技艺规范及工具制作要领。在他的教导下，紫砂工艺厂的工艺师在成型技术和理论修养上都有了很大的提升。为配合出口产品的质量管理，顾景舟在汪寅仙和潘持平等人的配合下，总结了紫

🔺 图 1-17 20 世纪 80 年代初，顾景舟（中）与汪寅仙（右一）、潘持平（左一）编写工人培训教材

砂制作学习内容，编订了教材和考核题目，促进了全厂职工业务学习积极性。汪寅仙由于与顾景舟在紫砂研究所共事时间较长，在壶艺上受其影响很大。在顾景舟逝世周年时，汪寅仙与徐秀棠等人捐赠紫砂作品义卖，筹集费用举办了纪念活动，并出版了纪念刊物。

四、学艺王寅春

汪寅仙在学艺过程中，为追求技术全面经常抽时间向老艺人请教，王寅春也是汪寅仙紫砂从艺生涯中的一位重要老师。王寅春（1898～1976），祖籍江苏镇江，宜兴人。制壶以多、快、好著称，善制光货、方货、筋纹器，其作品造型雍容大方，风格独特，规矩挺括，光润端正，口盖准缝严密。王寅春所制《朱泥水平壶》以精巧著称，早期曾先后为"福记"老板陈寿履、上海铁画轩陶器公司等制作水平小壶。后又受上海古董商聘请，仿制了时大彬、徐友泉、陈子畦、陈鸣远等名家的作品。王寅春自行设计了五六十种新壶式，其代表作有《亚明方壶》《元条壶》《六方菱花壶》《六方抽角壶》《梅花周盘壶》等，是老艺人中制壶产量最大、壶型翻新最快的一位，是出了名的巧干快手。王寅春做壶也曾经吃过很多苦，早年在乡下做壶时，夏天夜晚蚊子多，他为了多做壶，靠将双腿浸入盛水的陶瓮中来防止蚊虫叮咬。

1956年，紫砂工艺厂招收的汪寅仙等30名学徒分别是由王寅春和吴云根带班培训的。汪寅仙所在的吴云根班组与王寅春班组教学场地中间仅隔几平方米的天井，两个班的学徒同住一个宿舍，同吃一个食堂，师生之间关系十分融洽。那时学徒们早上做早操，白天学技术，晚上到东坡书院上文化课，两个班组的学徒你追我赶的学习气氛十分浓厚。1957年年底，紫砂工艺厂由原来的蜀山老街迁至现在厂址，两个班组仍然被安排在同一个厂房内，吴云根的学生在西侧，王寅春的学生在东侧。王寅春为人朴实，爱徒如子，传艺不分门户，不保守。由于师承的原因，汪寅仙为了弥补自己的不足，千方百计利用机会学习王寅春的《仿古壶》《高鋆京钟壶》和《六方菱花筋纹器》等壶型的制作工艺。汪寅仙虽然不是王寅春的入室弟子，但每当求教于王寅春时，他没有顾忌，也没有门槛，总是热情指导，而且很耐心地传授制作工具和配样板的技巧，有时也会亲身示范制壶过程。跟随王寅春学习让汪寅仙的技艺更加全面，为她以后从事紫砂壶新型的设计制作积累了经验[1]。20世纪60年代初，汪寅仙曾有机会

---

[1] 汪寅仙未刊稿《深切怀念著名紫砂老艺人王寅春先生》。

与王寅春一起到上海考察学习，王寅春带她去了上海博物馆和城隍庙铁画轩，观摩传统壶型，与行家交流，这段考察经历扩展了汪寅仙的艺术视野。

在跟随吴云根、朱可心、蒋蓉、裴石民、顾景舟、王寅春等紫砂老艺人学艺的过程中，汪寅仙体会到老一辈壶艺家都有一种共同的信念，那就是努力培养年轻人，以"人梯"般的精神为紫砂艺术的发展传艺布道。付出总有回报，1959 年，汪寅仙以第三名的成绩学徒毕业，工资定级为二级副，每月 29.8 元，一般学徒毕业时为一级工，月工资是 27 元。汪寅仙说，这对她而言既是一种鼓励，也是一种鞭策。（图 1-18）

▲ 图 1-18　1960 年 3 月，宜兴县紫砂工艺厂干群留影。前排右七为厂长薛如友，右八为主任周荣贵，左四为第一车间主任张纯奇，右六为吴云根，右五为朱可心，右四为王寅春。后排右三为汪寅仙

| 第五节 | 大学培训班的学习

　　在紫砂老艺人的指导下，汪寅仙领会了紫砂技艺的要领。她明白"师傅领进门，修行在自身"的道理。因此，在后来的艺术生涯中，无论是参加展览，还是外出交流，汪寅仙都会抓住一切机会如饥似渴地学习，而中央工艺美术学院陶瓷造型短训班的学习，无疑是她学艺过程中的一次重要经历。

　　1975 年，中央工艺美术学院复校前夕，学校贯彻"开门办学"的方针，三年制的普通班和多种形式的短训班相结合，以厂校挂钩、开门办学为主，以工厂为基地组织教学工作。教学内容是根据厂、地区的需要，与主办单位协商制定。教学打破基础和专业的界限，提倡一专多能，以创作设计带基础，培养学生分析和解决实际问题的能力[①]。在这样的背景下，中央工艺美术学院陶瓷美术系与江苏省轻工业厅陶瓷公司联合举办以地方专业骨干为主的陶瓷造型及装饰训练班——"江苏省日用陶瓷美术设计训练班"，地点在丁蜀镇青龙山麓桑苗圃江苏省陶瓷研究所，江苏宜兴陶瓷工业公司负责管理，日常工作由江苏省陶研所书记裴中如负责，中央工艺美术学院陶瓷系承担工作。招生 63 人，全日制脱产学习，从 1975 年 9 月 1 日开学到 1976 年 7 月结束，为期 11 个月。当时，紫砂工艺厂的 6 名技术骨干参加了训练班，汪寅仙与徐汉棠、何道洪三人学习陶瓷造型，谭泉海、鲍志强、邵丽娟三人学习陶瓷装饰。（图 1-19）

　　造型班主要有张守智、杨永善、王晓林三位老师。当时中央工艺美院教师刚刚从农场返京，他们经过近 10 年的上山下乡"接受贫下中农再教育"，渴望重返讲台，在教学中充满热情，学生学习的积极性也很高。张守智主讲日用陶瓷造型，陶瓷造型测绘技能的训练提高了学生的造型分析能力和审美眼光。汪寅仙通过测绘练习，体会到了紫砂造型"多一点则多，少一点就少"的道理。张守智还分享了他在故宫博物院搜罗的陶瓷器物图片资料，让学生通过散图收集资料。杨永善的教学着重讲授陶瓷设计理论。王晓林的教学喜欢让学生动手实践，同时也传授一些最新的设计理念。南京艺

---

① 院史编写组.清华大学美术学院（原中央工艺美术学院）简史 [M].北京：清华大学出版社，2011：70-72.

图 1-19　1975 年 9 月 1 日，江苏省日用陶瓷美术设计训练班开学大会。第二排左二为汪寅仙

术学院的潘春芳协助造型班教学。陶瓷造型班的学员们不满足于仅仅学习造型理念，也会去旁听陶瓷装饰班的白雪石、陈若菊、侯德昌、高沛明等老师开设的美术大课。陶瓷装饰班的学生也会去听陶瓷造型班开设的大课。老师们还带领学生到上海龙华苗圃写生，到上海博物馆现场观摩古陶瓷，到广州美院、广东佛山去参观学习。在正式的课程之外，中央工艺美术学院的梅健鹰带同学们在上海博物馆现场授课。南京艺术学院张道一等人也曾到工厂举办雕塑、图案专题讲座，通过多方面的学习，汪寅仙等一批紫砂技术人员增加了知识的积累。

在学习过程中，汪寅仙在老师们的指导下进行了实习设计和结业设计。汪寅仙实习设计的两件作品被中国宜兴陶瓷博物馆收藏，结业设计《九头冬梅茶具》曾经被选为邓小平 1978 年出国访问的国礼，现在收藏在故宫博物院。汪寅仙将这些作品的图纸都保留了下来。学习结束以后，汪寅仙和同事们没有马上回紫砂工艺厂，他们为江苏宜兴陶瓷工业公司陈列室的紫砂样品绘制了陶瓷测绘图，在潘春芳主持下，以江苏宜兴陶瓷工业公司的名义汇编《紫砂陶器造型》，由轻工业出版社出版。这个过程巩固了他们的陶瓷造型测绘制图技能，把握壶体造型的能力也得到了提高，该书也成为陶瓷短训班学习的一项重要成果。（图1-20）

　　从理论到实践，从实践到理论，再从理论回到实践，11个月的正规陶瓷造型训练，对汪寅仙的艺术生涯来说是一段学习的黄金时期。过去汪寅仙也十分喜欢写写画画，但是从没有受过正规的训练，这次在中央工艺美术学院"江苏省日用陶瓷美术设计训练班"的学习让她加深了陶瓷造型方面的理论认识，积累了知识，补充了营养，也为理论与实践结合打下了一个良好的基础。汪寅仙非常感恩这个年代，感恩这个社会，给她这样一个非常好的学习机遇和学习环境。她觉得个人的成绩、事业不只是自己努力的结果，更是时代和社会教育熏陶的结果。汪寅仙从此与张守智、韩美林等到宜兴授课的院校老师结下了深厚的友谊，他们此后在创作上有过多次合作，也因此才有了《曲壶》等名扬海内外的经典壶艺作品问世。

图1-20　汪寅仙参与测绘的《紫砂陶器造型》

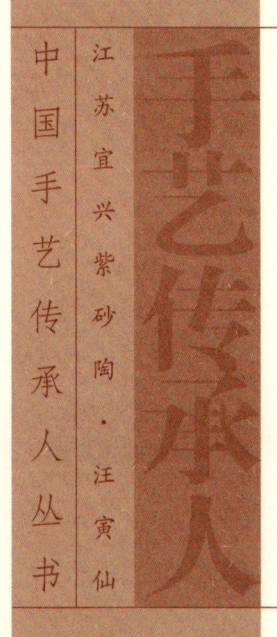

第二章

从艺生涯

　　紫砂艺术是汪寅仙用生命倾心追求的事业。自 1956 年进入蜀山陶业生产合作社紫砂工场做学徒至今，她的紫砂从艺之路从未间断，由于能够刻苦钻研，敢于创新，成为紫砂工艺厂的技术骨干。她承担过工厂灌浆试制和辘轳车试验等技术革新任务，在相当长的时间内任职于紫砂工艺厂研究所，为工艺厂产品造型创新做出了重要贡献。而今年过七旬的汪寅仙在紫砂行业已从业 60 余年，其个人的艺术生涯也见证了中华人民共和国成立以来我国紫砂行业的起伏变迁。

｜第一节｜紫砂工艺厂灌浆试制

　　宜兴紫砂工艺厂，前身是宜兴县蜀山陶业生产合作社，曾经为宜兴紫砂行业培养了大量高端技术人才，被业内人士誉为紫砂界的"黄埔军校"。中华人民共和国成立后，政府拨款恢复、扶持紫砂生产，1951 年至 1953 年，成立了宜兴紫砂产销联合营业处，统一组织生产、销售，这里的紫砂产品在华东土特产展览会、全国民间工艺美术品展览会上都获得了好评。紫砂器的生产逐步得到恢复发展，并逐步由分散经营向联合经营过渡。1954 年 10 月，紫砂艺人裴石民、吴云根、朱可心、施福生、范正根、邵六大、范祖德等 7 人组建紫砂工场，隶属汤渡陶业生产合作社，承制中国美术家协会订购的高档茶具，主要品种有松鼠葡萄茶具、报春茶具等。至 12 月，紫砂工场规模进一步扩大，有 31 家小业主与 36 名工人参加。[①]（图 2-1、图 2-2）

　　1955 年 10 月，蜀山、前墅一带的陶业实现合作化，组建"宜兴县蜀山陶业生产合作社"，分砂货工场与紫砂工场，前者生产罐头、水壶、煨罐一类砂货；后者即汤渡陶业生产合作社紫砂工场，主要生产各类紫砂茶壶[②]。在朱可心等人的动员下，很多

① 潘春芳. 宜兴紫砂器造型图集 [J]. 北京：荣宝斋出版社，2008：15-16.
② 华林. 中国紫砂壶收藏鉴赏 500 问 [M]. 北京：中国轻工业出版社，2009：45.

▲ 图2-1 宜兴紫砂工艺厂大楼

▲ 图2-2 宜兴紫砂工艺厂

开设家庭作坊的老师傅到合作社制作，办公地点在蜀山老南街潘家祠堂，陈家祠堂作为老师傅作品陈列室。1958 年 4 月，蜀山陶业生产合作社与上袁、潜洛等地的紫砂手工业户合并组建宜兴紫砂工艺厂，20 世纪 60 年代到 70 年代曾先后招收艺徒人数计 800 余人。

汪寅仙人生的大部分时光都是在宜兴紫砂工艺厂度过的。从在"紫砂工艺班"拜师学艺到独立承担生产任务，任职小辅导，兼任紫砂工艺厂团总支书记，再到调任紫砂工艺厂研究室从事新产品开发，一直到退休，汪寅仙在紫砂工艺厂度过了 43 个春秋，可以说，她将人生的大部分时间都奉献给了宜兴紫砂工艺厂。1959 年，汪寅仙完成学业，正式成为紫砂工艺厂的一名技术工人。她把学习过程中养成的刻苦钻研的作风延续到工作中，以一种"只争朝夕"的精神参与紫砂生产，在承担带班教授学徒任务的同时，先后参加了灌浆生产和辘轳车技术革新工作。

汪寅仙学徒毕业后，在生产第一线边制作高档紫砂壶边带学徒，带徒 7 人，主要修整灌浆生产的《佛手壶》《荷叶壶》和《竹春壶》《竹根壶》壶坯。不久，工厂共青团总支书记高永君因病休假，她所负责的紫砂灌浆试验项目改由汪寅仙兼职负责。灌浆生产实验的目标是采用陶瓷行业普遍采用的灌浆生产方式，进行紫砂产品的生产，提高生产效率。1959 年，镇政府向工厂提出"要学徒 3 天学会高级工艺品，要一步登天"的口号。灌浆生产就是当时采用的"一步登天"的方法，具体来说，就是挑选高档品壶型，灌浆壶身，粘接壶嘴、壶把、壶盖、盖钮。学徒一进厂就学习粘接壶嘴壶把，制作高档的工艺品。（图 2-3）

由于当时工厂的生产条件落后，灌浆试制的过程十分艰苦。在没有球磨机等机械设备的情况下，泥浆完全是通过人工的方式在泥缸里面用泥粉调制的，汪寅仙常工作一天下来身上糊满了泥巴。紫砂模具在每次灌浆后内部都会存留大量水分，要烘干以后才能再次使用。在没有烘房的情况下，汪寅仙经常每天一个人追着太阳晒模具。有时候，中午刚买到午饭，天气突然转阴了，就要马上去抢收模具，以免被大雨淋到。后来工厂建设了烘房，但是用煤跟不上，烘房的热度还是达不到要求。当时的汪寅仙还不满 20 岁，而且身形瘦弱，一天到晚既要调泥浆，又要整模具，指导学徒，经常处于体力透支的状态。

在将近一年的试制过程中，汪寅仙发现紫砂泥这种材料与江西景德镇、湖南醴陵等地陶泥泥性存在很大的差异：第一，瓷土加入少量的电解质水玻璃后可以增加流动性，泥料在水中分布比较均匀。紫砂泥浆调制用水量比瓷土泥浆用水量大，瓷土加入

↑ 图 2-3　20 世纪 60 年代初汪寅仙在制作报春壶，工作台上的石桃壶为当年习作

16% 的水后加水玻璃就会产生流动性，紫砂泥料要加 20% 的水再加电解质（润碱），才能产生流动性。而且，紫砂泥浆加入水玻璃后泥料稀释严重，粗颗粒下沉，细颗粒像油泥一样浮在上面，灌浆时上面细颗粒部分泥浆最先进入模具，附着在壶坯坯体外层，粗颗粒的泥浆沉在最底层，泥料分布不均匀。壶坯外层泥料在修坯时用明针刮涂，就会像剥皮一样剥掉一层，这样表面高高低低，很难修整到符合标准。第二，细泥浆附着在模具内壁增加了模具的损耗。一般来说，一套陶瓷灌浆石膏模具可以反复使用 80 次左右，紫砂产品石膏模具用到 30 次后，就会因为内壁石膏模被泥浆吸掉，造成壶坯变大、规格不统一的问题。本山绿泥因为含有氧化钴的成分，要用电解质代

替水玻璃，泥浆的黏性比一般紫砂泥的黏性更大，对模具的损耗也更严重。如此，紫砂灌浆使用石膏模具的损耗量要比陶瓷类产品高一倍，成本大大增加。第三，同样是加电解质，紫砂泥浆调制时用水量要比瓷土多才有流动性，这样在烧制时收缩率就会变大，产生紫砂壶泡茶后慢渗水的问题。（图2-4、图2-5）

1963年，紫砂工艺厂向中国出口商品交易会（广交会）出口部门供货的一批灌浆生产高档紫砂壶，有《荷叶壶》《佛手壶》《六方龙凤壶》《竹根壶》等，因长期滞销，有的只能拿到地摊上去销售，产品订单也被大幅削减。这种局面直接导致了拥有1000多名职工的工厂一度陷入面临倒闭的困境。在这样的情况下，工厂关门整顿，全厂上下天天开会，甚至讨论了大幅裁减工人下放回乡当农民的方案。后来，裁员方案没有实行，但为了"保吃饭"，全厂转型做工业陶瓷产品，才得以渡过难关。1964年，工厂进行小范围的机械化技术革新，汪寅仙还承担了辘轳车《丰灯壶》的生产技术革新试验。

汪寅仙认为，紫砂工艺之所以能够保持全手工制作的特色，就是因为紫砂泥的特性不适合灌浆生产。20世纪60年代中期，由于泡功夫茶的小水平壶订单量大，继任工厂领导再次提出建立灌浆小水平壶生产线，仍由汪寅仙负责试制。汪寅仙一边试验，一边向厂领导申明灌浆生产的缺点，经过3个月的尝试，灌浆生产线最终没有实施，由此，也避免了在生产上重蹈覆辙的风险。

图2-4 1963年，紫砂工艺厂女民兵集训。左一为汪寅仙

图2-5 1965年8月，在北京团城举办的江苏省工艺美术展。左二为汪寅仙

|第二节| 从第二成型车间到"三三班"

20 世纪 60 年代初，汪寅仙曾经有两年时间参加第二成型车间的技术管理工作。这个车间由 4 个班组组成，每个班组20 多人，工人主要是合新厂①合并到紫砂工艺厂的近百名中年女工，汪寅仙担任班长，负责其中一个班组的技术管理工作，主要做内销的《盘底壶》《丰灯壶》《寿星壶》《洋桶壶》等日用紫砂器，产品由供销合作社销售。班长的主要工作有下达生产任务，供应模具和工具，为工人提供技术指导。如果工人要"翻手"②了，技术人员就要调配新的模具、新的工具，有时为了赶任务，汪寅仙要到模型车间帮忙翻模型。（图 2-6、图 2-7）

由于这批工人以前是制作粗陶的，没有紫砂产品制作的技术基础，在担任班长的两年时间里，汪寅仙从基础培训开始教授女工用模型制作紫砂器皿，工人学成之后按照计件的方式承担生产任务。在完成生产任务之外，班长还要负责整个班组女工的中心工作，包括政治宣传、计划生育、卫生工作等，工人生老病死等生活上

▲ 图 2-6　20 世纪 60 年代中后期，在手工打泥片

▲ 图 2-7　20 世纪 60 年代中后期，在手工打泥片

---

① 蜀山合新厂以生产罐头类的日用粗陶为主，因产品销路不好，合并到紫砂工艺厂，组成第二成型车间，以女工为主。
② 翻手，即转入新的壶型生产。

的事情都要关心。这段时间正值国家困难时期，工人的温饱问题还没有解决，食堂的供餐经常是面疙瘩、麸皮稀饭。汪寅仙在带班的同时，自己也与工人一起加班加点工作，朝夕相处，领取计件工资，极度疲劳时，就躺在女工为孩子准备的摇篮里，稍作休息后继续工作。

在第二成型车间工作期间，汪寅仙曾经有几个月的时间调到第一成型车间，在车间主任手下脱产专职做管理工作。后来，汪寅仙因为承担这项工作被"造反派"在工厂食堂门口贴了大字报，认为这是在培养资产阶级家庭出身的子女。汪寅仙向当权的"造反派"打报告，要求到生产第一线去，做最苦最累的事情。

1966年下半年，工厂的啤酒杯生产线刚建成，汪寅仙主动要求去当了一名车泥坯的车工。啤酒杯的生产比紫砂壶的生产工艺要简单得多，是一个中间鼓出有一条束腰线的鼓的造型。汪寅仙的手掌比一般人的手掌大，一般人需要双手捧出的模具她只需一只手就能抓起，因此，她所车制的啤酒杯数量大，质量高。这批订货时间很紧，汪寅仙当时尚未结婚，住在工厂宿舍，日夜加班工作，一干就是几个月的时间。

该批订单完成以后，工厂没有再接啤酒杯的订单，汪寅仙转入生产车间，在朱可心的班组"二一班"工作了3个月。1971年，工厂效益仍然不好，为了保证生产利润，又承接了一批波纹板的订单。波纹板是造纸机械过滤纸浆用的陶瓷部件，瓷质的罐体内部有高低相咬合的波纹型叶片，中间有空隙。生产工艺采用灌浆生产，工人负责粘接泥片。研究室的顾景舟等人负责设计研发，汪寅仙有时会被抽调去做翻模等辅助性的工作，有时也会到生产线上去负责指导生产。波纹板的订单生产完成后，汪寅仙被调到生产班组"三三班"[1]，担任带班班长。

汪寅仙在"三三班"时的生产任务主要是制作朱可心打样的报春壶。该批订单订货方要求全手工制作，壶身要印有朱可心的印章，当时朱可心的身体状况不好，任务如果完不成工厂会被处罚。在这样的情况下，朱可心点名让汪寅仙代替他来完成这批订单。汪寅仙每做好一批壶坯，朱可心便到车间逐一验看后盖上自己的印章。这批订单总共有30把茶壶，汪寅仙的生产任务是每个月做5把，每个月她都会超额完成任务。（图2-8）

在"三三班"的那段日子，汪寅仙仍然坚持学习和创作。1972年，上海博物馆唐大公介绍汪寅仙为上海博物馆制作藏品。汪寅仙经过学习摸索，成功仿制了紫砂工

---

[1] 三三班的编号，当时紫砂工艺厂有5栋车间，编号为从一到五。"三三班"是第三栋车间的第三个班组。

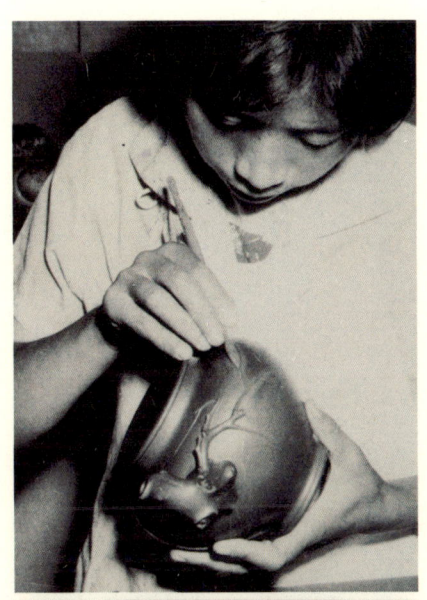

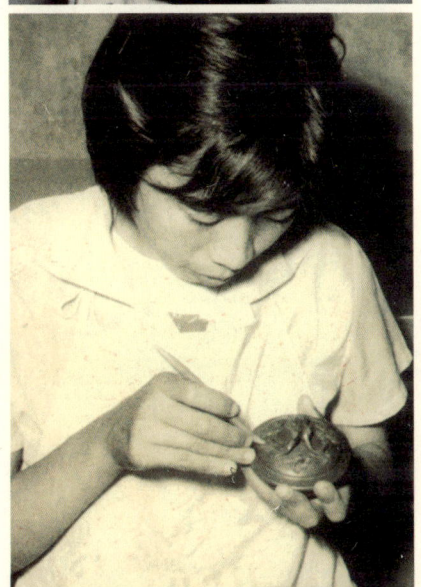

艺厂陈列室的陈光明款《印包壶》，壶型为方壶，用段泥制作。方壶不是汪寅仙的制作专项，但是她为了全面传承技艺，怀着补课的心态挑选了印包壶作为仿制壶型。汪寅仙回忆时说，这是她当年做得最有意义的一件事情。她觉得自己将来终归是紫砂技艺的一个继承人，虽然过去的老艺人做壶都有自己擅长的壶型和风格，但是作为新时期的紫砂人，应该是要打破这样的局限，不仅要会做圆的、做花的，而且也要懂得做方的，什么都应该懂得一点。在这段时间，汪寅仙还设计创作了一件紫砂小商鼎纹花盆。

▲ 图 2-8　20 世纪 60 年代中后期，制作报春壶（组图）

| 第三节 | 紫砂研究所的工作

　　紫砂工艺厂紫砂研究所的前身是 1963 年成立的紫砂厂研究室。研究室当时只有顾景舟、高海庚、徐汉棠 3 名研究人员，而且高海庚经常被借到江苏省宜兴陶瓷公司[①]技术科工作。在这种情况下，在车间工作的汪寅仙也经常临时被安排到研究室做辅助工作。（图 2-9）

　　1973 年 3 月，紫砂工艺厂为了应对出口规模扩大的需要，将研究室扩充，在原有三人的基础上增加了朱可心、徐秀棠、汪寅仙、吕尧臣、沈巨华、鲍仲梅 6 人为主要技术人员，同时徐秀棠还带弟子一起到研究室工作，主要是为广交会及国内外大型展览创作样品。初进研究室时，汪寅仙与师傅朱可心两个人同在一个工作间工作。朱可心因身体原因不能正常上班，他们的工作间里便常常是汪寅仙一个人在工作。进入研究室后，汪寅仙能够有时间专心致志搞创作，这段时间成为她个人紫砂创作的一个高峰时期。汪寅仙正是在这一时期，完成了《葡萄杯》《桃杯》《九头冬梅茶具》《云龙酒具》《咏梅壶》《光集玉壶》《翠鸟莲蓬壶》《夔龙图案壶》《高南瓜壶》《儿头高寿梅桩茶具》《珊玢咖啡茶具》《金秋南瓜壶》《金龟子南瓜壶》《曲壶》等代表作品的创作，成功仿制了杨凤年的《风卷葵壶》等历史经典壶型。（图 2-10）

　　改革开放后，紫砂工艺厂迎来了一个新的发展契机，汪寅仙在 1978 年至 1979 年两年间，为邓小平、华国锋、邓颖超访日，先后制作了《紫砂桃杯》《葡萄杯》《风卷葵壶》《九头冬梅茶具》《云龙茶具》《咏梅壶》《光集玉壶》《翠鸟莲蓬壶》等指定礼品。1979 年秋，香港商人罗桂祥访问宜兴紫砂工艺厂，订制高档紫砂产品。工厂召集顾景舟、蒋蓉、徐汉棠、徐秀棠、吕尧臣、汪寅仙等与罗桂祥举办了座谈会。座谈会上，罗桂祥提供了需要仿制的明清时期时大彬、陈鸣远、陈曼生等名家的经典紫砂作品图片，并提出了 3 个条件：第一，所制茗壶上必须有作者本人的签名印章[②]；第二，成品由其助手叶荣枝验收，不合格的淘汰；第三，所有紫砂品种每

---

① 宜兴紫砂工艺厂隶属于江苏省宜兴陶瓷公司。
② "文革"时期，紫砂产品签章"中国宜兴"或工号，制作者不能在紫砂产品上盖个人名章。

▲ 图2-9　20世纪70年代初，在紫砂工艺厂研究室制作《项圣思桃杯》。工作台上作品为汪寅仙1973年3月进入研究室后制作的《水利壶》《仿古壶》《蜜桃壶》《葡萄杯》《飞雪迎春盆》等作品

▲ 图2-10　20世纪70年代后期，在紫砂研究室制作《项圣思桃杯》

种订制10件，由罗桂祥包购包销，紫砂厂不能多做转卖。制作任务主要由紫砂研究所完成，顾景舟负责技术总监。价格拟定为A、B、C三个级别，老艺人作品A价、小辅导作品B价、工人技术骨干作品C价，每个层级的价格高于一般高档出口壶价格10倍以上。这笔订单是工厂开始制作"名人名作"紫砂壶的开端，从此之后在一般商品壶产品类别之外，高端紫砂产品有了"名人名作"的概念。汪寅仙在座谈会上听到罗桂祥对作品的严格要求，心情激动，跃跃欲试，后来她成功仿制了《牛盖莲子壶》和《供春壶》两款经典壶型。（图2-11）

1982年，研究室更名为紫砂研究所后，紫砂工艺厂任命汪寅仙担任紫砂研究所副所长，总体负责一切生产及行政事务，协助顾景舟先生工作。由于高档紫砂产品订单量大，紫砂研究所内部设立了"紫砂特艺班"，从工厂车间提拔了一批技术骨干人员，规模扩大至50多人，最多时有100多人，特艺班设立的目的是为了培养年轻技术人员，生产高档紫砂产品。1986年，张守智推

↑ 图2-11　1983年，在工作室制作《风卷葵壶》

↑ 图2-12　20世纪80年代中期，汪寅仙与吕尧臣（中）、曹婉芬（左）对紫砂工艺厂研究所工艺技术人员的产品进行抽查评比

荐宜兴紫砂工艺厂为中南海紫光阁制作紫砂陈列品，汪寅仙与顾绍培、潘竹林到紫光阁现场考察，于1987年完成了产品制作任务。汪寅仙创作的《珝珫壶》、仿《项圣思桃杯》被中南海紫光阁收藏。（图2-12）

　　紫砂研究所既承担了工厂的产品质量管理工作，也负责高档紫砂产品制作与产品创新，工作十分繁忙。顾景舟希望汪寅仙能够从紫砂制作工作中脱身出来，专心做生产管理工作。汪寅仙觉得自己在紫砂创作方面要学习的内容还有很多，而且自己的技术水平如果不能很好地保持，也难以做好生产管理工作，因此不肯放弃从事生产制作的机会。这样，汪寅仙在做管理工作的同时，继续承担着生产任务，每天做完研究所的业务工作后，就马上坐到自己的工作台上制作紫砂，节假日也很少休息。（图2-13）

　　当时，汪寅仙的儿子和女儿年龄都还小，丈夫在南京工作，婆婆很理解她，帮她承担了大多数的家务活。每天早上，汪寅仙会买好菜送回家，然后再赶去上班，到了工厂拼命地挤出时间多做壶。晚上下班时，她将壶嘴、壶把、壶盖钮等配件用饭匣子装好带回家继续做，在家做好配件以后，第二天带到工厂里去粘接。汪寅仙就这样每天起早贪黑利用一切可以利用的时间做壶，每次都是超额完成任务。汪寅仙说，自己同很多老一辈的技术人员在一起工作，如果自己技术不过关，下达生产任务也难以让人信服，更为重要的是，不能荒废自己这双手。因此，她只能比人家多做、做好，走在最前面，才能赢得工厂技术人员的信服。汪寅仙的紫砂技艺因当时的工作压力大而得到了多方面的锤炼，水平提高很快。（图2-14、图2-15）

图 2-13　1985 年，汪寅仙在工作室做《高寿梅桩壶》

图 2-14　1987 年，汪寅仙在工作室做《金秋大南瓜壶》

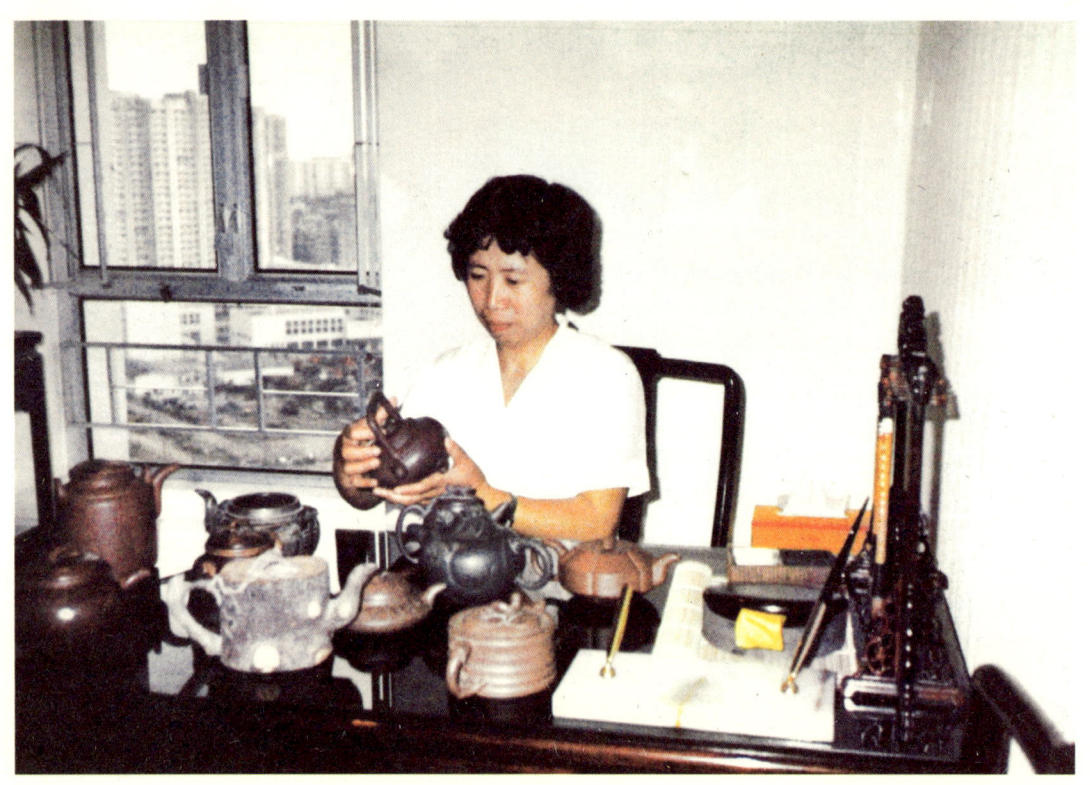

🔺 图 2-15　1985 年，在香港友人家中观摩紫砂藏品

　　1995 年下半年开始，紫砂工艺厂管理和效益开始走下坡路，技术人员辞职下海单干的情况多了起来。作为紫砂工艺厂发展的亲历者和见证者，汪寅仙看到这种情况，内心着急痛苦又无计可施。有台湾的朋友提供了条件支持汪寅仙自己办公司，她始终没有同意。汪寅仙认为，是紫砂工艺厂成就了她的个人事业，无论工厂发展状况怎么样，自己只有站好最后一班岗，才能做到心安理得。1998 年，年满 55 周岁的汪寅仙正式从紫砂工艺厂退休。退休后的前两年因为心情不好，以及多年的顽疾折磨着她的身体，不久之后，她在家中成立了个人工作室，建成了紫砂作品陈列室，平时深居简出，安安静静做壶，偶尔外出交流，见一下好友、藏家，默默为紫砂行业发展尽着自己的心力。

| 第四节 | 艺途情谊

汪寅仙在从艺生涯中遇到了很多仁厚的长者和谦和的友人。这些人中有香港收藏家罗桂祥、利荣森，中央工艺美术学院"江苏省日用陶瓷美术设计训练班"教授张守智，工艺美术家韩美林等等，他们或是艺坛大家，或是陶艺名师，或是紫砂艺术的痴迷者，但都是因为对紫砂艺术的热爱而结缘。汪寅仙也十分珍视与这些师友间的情谊，谈起这些人，她的言辞中总会流露出感恩之情。

一、紫砂藏家罗桂祥与利荣森

香港紫砂收藏家罗桂祥是一位成功的商人，他在有生之年曾为宜兴紫砂的推广不遗余力，也是汪寅仙紫砂艺术生涯中的一位贵人。汪寅仙与罗桂祥结识是在 1979 年秋天。时值紫砂工艺厂恢复元气时期，香港维他奶国际集团有限公司董事局主席、紫砂收藏家罗桂祥与助手叶荣枝访问紫砂工艺厂，在与紫砂工艺厂壶艺家座谈时提出了有别于商品壶的"名人名作"紫砂制壶理念，高价订制了一批高档紫砂壶产品。汪寅仙承担了《牛盖莲子壶》和《供春壶》的生产任务，经过精心制作，那批订单得以顺利完成。罗桂祥对交货茗壶的高度认可给了汪寅仙很大的鼓励。（图 2-16）

罗桂祥是一位热爱紫砂艺术的收藏大家。他认为"现在的宜兴紫砂茶器正处在文艺复兴时期"。为了推广宜兴紫砂，从 1981 年亚洲艺术节开始，先后 3 次在香港举办紫砂艺术展览，带动了紫砂经销公司双鱼艺瓷公司、海洋贸易公司、英泰贸易公司和锦锋贸易公司的成立，并沟通了台湾紫砂藏家与宜兴紫砂界的联系。1982 年，在向香港市政厅捐赠一批紫砂藏品后，罗桂祥发愿为香港茶具文物馆、英国大英博物馆、美国凤凰城美术馆博物馆、美国旧金山中华文化中心、美国印第安纳波利斯博物馆、加拿大多伦多安大略皇家博物院等博物馆捐赠一批紫砂作品，由助手叶荣枝到紫砂工艺厂订货。汪寅仙为罗桂祥制作了《桃圣壶》《弯把梅桩壶》《曲壶》《大一粒珠壶》《黄南瓜壶》《秦权壶》等作品。1995 年罗桂祥去世后，他的后人按照他的遗愿将这批紫

↑ 图2-16　1985年，在香港"敏求精舍"与紫砂收藏家合影。前排右一为毛文奇先生，前排右二为罗桂祥。前排左一为利荣森，前排左二为顾景舟。第二排左三为汪寅仙

砂壶捐赠给各大博物馆，传播紫砂文化。

　　在汪寅仙眼中，罗桂祥是一位社会名望高、和蔼可亲、平易近人的长者。1985年，顾景舟带领汪寅仙等人参加香港锦锋公司举办的紫砂精品展。罗桂祥邀请他们参观了香港中文大学文物馆、香港茶具文物馆以及"敏求精舍"俱乐部，汪寅仙一行得以近距离观摩罗桂祥、利荣森、毛文奇等收藏大家的瓷器、玉器、漆器、青铜器、紫砂器、书画等珍贵藏品。1992年冬，罗桂祥为了让自己在美国中学读书的外孙女陈琳双能够感悟中国文化，安排她寒假期间到汪寅仙处学习制作紫砂壶。汪寅仙亲自传授技艺，陈琳双没有一丝年轻女孩的娇气，学艺也十分认真。在10多天的学习中，陈琳双学习了《小圆壶》的制作技艺，汪寅仙也从她身上感受到了罗家优良的家风。作为答谢，罗桂祥赠送了一块刻有汪寅仙名字的名表作为纪念。次年，汪寅仙去台湾参展，途经香港时，罗桂祥在他的办公室单独会见了汪寅仙。数次的交往，汪寅仙体会

到了罗桂祥对紫砂艺人的尊重和对历史悠久的紫砂文化的热爱。（图 2-17、图 2-18）

　　罗桂祥的挚友利荣森也是一位紫砂收藏大家。罗桂祥去世之后，他无偿向香港中文大学文物馆捐赠了自己的紫砂藏品，承担起了在香港弘扬紫砂艺术的事业。1997年 10 月，利荣森提议并资助香港中文大学文物馆和上海博物馆联合在香港中文大学举办"紫泥清韵——陈鸣远陶艺研讨会"。汪寅仙和蒋蓉受邀参会，不仅观摩了明初花货名家陈鸣远的传世作品，还聆听了知名专家、学者对于紫砂艺术的研讨，让她受益匪浅。2005 年，罗桂祥的长孙罗承德先生又与上海博物馆和南京博物院联合举办了"书画印壶——陈曼生艺术研讨会"，汪寅仙与徐秀棠受邀参会。利荣森去世后，汪寅仙撰文《缅怀紫砂收藏家利荣森先生》，怀念这位对紫砂艺术事业做出贡献的收藏家。

图 2-17　1993 年，汪寅仙拜访罗桂祥先生，地点为香港罗桂祥办公室

图 2-18-1　1993 年 1 月，罗桂祥在美国读书的外孙女陈琳双在汪寅仙工作室学习紫砂成型工艺

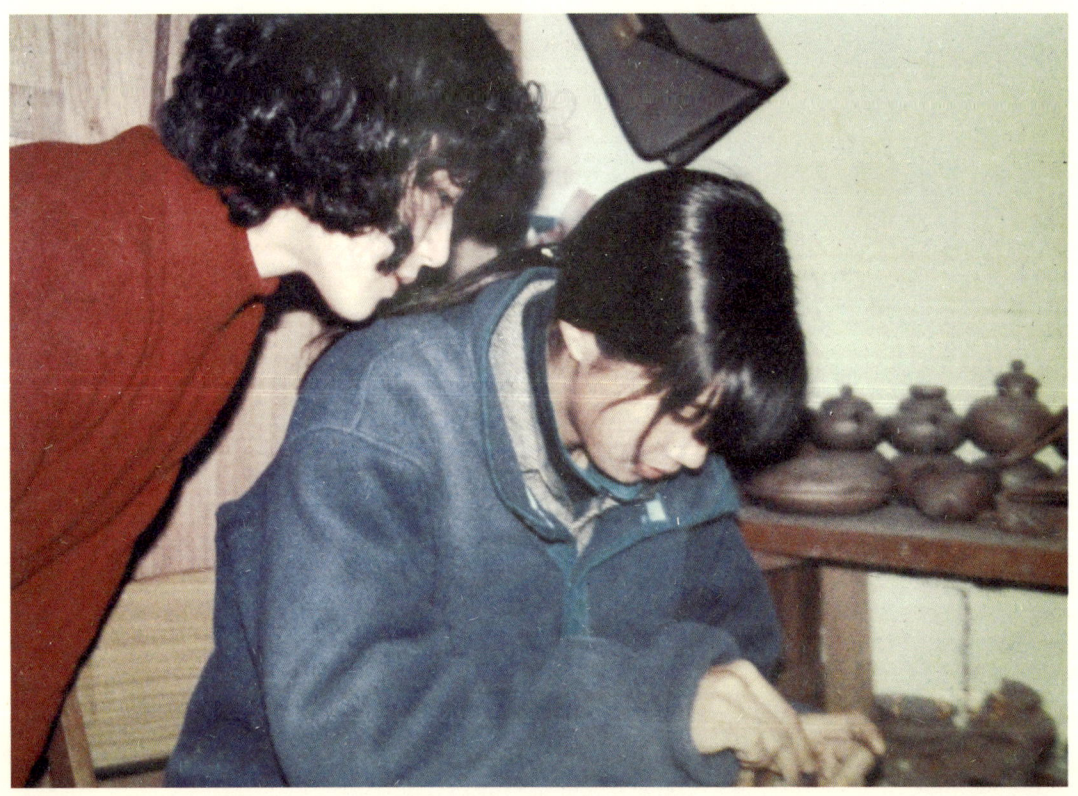

　图 2-18-2　1993 年 1 月，罗桂祥在美国读书的外孙女陈琳双在汪寅仙工作室学习紫砂成型工艺

二、中央工艺美院教授张守智

中央工艺美术学院教授张守智在教学与创作方面都对宜兴紫砂工艺的发展做出了很多贡献，是汪寅仙十分敬重的师长。他们最早是在 1975 年中央工艺美术学院"江苏省日用陶瓷美术设计训练班"相识的。张守智教授担任训练班的日用陶瓷造型教师，汪寅仙是培训班的学员。培训班结业以后，他们保持了长期的友谊与合作关系。张守智从 20 世纪 80 年代后期开始，多次到紫砂工艺厂进行紫砂创作，与工厂的顾景舟、汪寅仙等技艺人员保持了密切的合作关系。因为有师生的情分，早年张守智每次到宜兴，汪寅仙都会力所能及地为张守智提供一些生活上的方便。张守智的衣物脏了，汪寅仙会帮忙拿去清洗。张守智也会在星期天到汪寅仙家中做客。张守智心脏不太好，汪寅仙受张夫人吕晓章所托常督促张守智教授用药。师生之间的融洽交往促成了他们在紫砂创作上的成功合作。（图 2-19、图 2-20）

汪寅仙与张守智教授合作的紫砂作品有 3 件，分别是《曲壶》《珈坊咖啡茶具》《晶焱壶》。曲壶设计是他们师生间最为成功的合作。1987 年，张守智有一次在宜兴创作了一款《竹节提梁壶》方案，拿给汪寅仙商量制作的问题。汪寅仙向他提起了她一直想做一把线条非常柔和、整体感强烈的紫砂壶型的想法。在了解汪寅仙的想法之后，张守智结合自己的创作理念完成了《曲壶》的设计图稿。汪寅仙拿到设计图稿之后，经过精心的制作，最后将平面的图稿变成了立体的壶型，成功完成了《曲壶》的制作。可以说，《曲壶》的设计制作凝结了师生二人的共同心血。《曲壶》做成后曾到日本东京参加陶艺展览，日本的陶艺家和建筑家认为《曲壶》是一个"划时代的造型"。展览期间，还有日本观众为作品献上小花篮。1993 年，张守智提议将二人合作的《曲壶》捐赠给共青团中央的"希望工程"项目，汪寅仙欣然同意。这件作品在香港展览拍卖所得 13.8 万元人民币全数作为善款捐赠给了"希望工程"。

三、工艺美术家韩美林

汪寅仙与著名的工艺美术家韩美林因紫砂而结缘，两人在长期的合作中完成了《祥龙玉鼎壶》《水仙花苞壶》等多件经典紫砂壶型的创作，并建立了深厚的友谊。（图 2-21）

图 2-19　1987 年，与中央工艺美术学院教授张守智在中南海紫光阁考察时的合影，右一为张守智

图 2-20　汪寅仙与张守智合影，地点为汪寅仙家中庭院

图 2-21　汪寅仙拜访韩美林，地点为北京韩美林工作室

　　汪寅仙与韩美林最早接触是在 1982 年年初，汪寅仙参加了韩美林在宜兴陶瓷公司举办的艺术讲座。韩美林在授课中提到了他在"文革"中遭受迫害、坐牢等坎坷经历，以及他在美国成立工作室、将举办展览挣到的钱用来扶贫的事情，让汪寅仙十分感动。后来，韩美林住在丁山招待所，在当地产的白色精陶盘子上绘画，用油画笔画西洋画，也有比较传统的娃娃画，都带有他个人的艺术特色。韩美林当时用的画具都是进口的，画了以后不容易掉色，向他求画的人天天排队。汪寅仙从来没有主动去求过画盘，她觉得等画的人太多，担心韩美林忙于应酬过度劳累。韩美林说汪寅仙"太傻"，几次都特意为她留了作品，但有些仍被求画的人索取了去。汪寅仙后来还是获得了韩美林赠送的两个画盘，一个画盘画的是像阿福一样的娃娃，另一个画盘画的是头发弯卷的金发女郎。当时，汪寅仙的住处离韩美林住的丁山招待所有 5 分钟的行程，她有时会在下班后去观摩韩美林的陶瓷创作。有一次，韩美林向汪寅仙展示了几幅花插陶艺画稿，询问是否可以用紫砂泥做出来。汪寅仙看后觉得可以试试，就拿

回去尝试做了几个紫砂花插样品。韩美林看到样品后十分高兴，带着褒奖的口气说做的比自己画的还好看，那是汪寅仙第一次做紫砂花插。后来韩美林又画了几个水注方案让汪寅仙试制，汪寅仙也成功地用紫砂泥把水注制作了出来，打了他们两个人的印章，韩美林在上面装饰了字画。这批紫砂花插、水注被香港藏家分批买走了，有的被转卖到台湾。香港人特别喜欢这批产品，后来又下了小批量的订单。

1987 年，韩美林创作了一批紫砂壶图纸到宜兴制作。汪寅仙承接了一部分产品的制作。最早的几个壶样完成拿给韩美林看，韩美林对每一件作品都非常满意，这给了汪寅仙很大的鼓励。韩美林的那批图纸汪寅仙前后用了一个多月的时间制作。汪寅仙希望赶在韩美林离开宜兴之前完成那批图样的制作，每天争分夺秒地工作。除了上班时间在工厂制作外，下班时间还带了泥料回家制作壶嘴壶把等小型配件，白天再带回工厂粘接，一个月的时间汪寅仙完成了 10 个样稿的制作。韩美林看了这些作品十分喜欢，甚至有时高兴得手舞足蹈起来。香港锦锋公司等经营紫砂产品的四大家公司看到这批作品以后，都纷纷来认购。汪寅仙回忆，这批壶样每个品种只做了一件，现在只保留了壶的照片。陈列在汪寅仙个人陈列室的《提梁壶》是汪寅仙后来补做的。由于喜欢该壶的人太多，韩美林作为设计者自己也没有留到壶样，汪寅仙又重为他制作了一件。这件《提梁壶》汪寅仙一共做过 5 把。另有一把《荷花壶》，汪寅仙重新做过一次，其他的壶样都是孤品。这一次与韩美林的合作，也是汪寅仙个人紫砂制作的一个高潮。

1990 年，韩美林在丁山作了短暂的停留，绘制了一个《水仙花苞壶》壶样和《老虎壶》壶样交给汪寅仙来制作。汪寅仙完成了两个壶型的制作。其中《老虎壶》汪寅仙打样，姚志源完成陶刻。1998 年，韩美林计划在中国工艺美术馆举办个人艺术展，委托汪寅仙等人制作一批他设计的紫砂图稿，品种主要是水注和小茶壶，数量在80 件左右。汪寅仙拿到图样后，安排儿子姚志源、儿媳吴业萍，女儿姚志泉、女婿鲍廷博，侄女汪叶，学生江建翔、丁洪顺、吴亚亦、赵洪生、魏志云、邹玉芳以及蒋蓉的学生高建芳等参与了制作。为了保证韩美林设计方案的艺术特色，汪寅仙亲自监制，最终顺利完成了 40 余件作品的制作。这些作品都在中国工艺美术馆进行了展出。

2011 年，韩美林又设计了一批紫砂壶样稿，交由他的学生王志刚制作。汪寅仙给王志刚提供了很多技术指导，并亲手制作出了《祥龙玉鼎壶》。这件作品最初制作了两件，汪寅仙做壶样，韩美林完成书画装饰，姚志源完成陶刻，一件汪寅仙留在个人陈列室展示，一件韩美林拿到他在中国国家博物馆举办的个人作品展上展出，展览结束后捐献给了中国国家博物馆。汪寅仙得知韩美林捐献了《祥龙玉鼎壶》后，重新补做一件交给韩美林艺术馆收藏。

汪寅仙与韩美林的友谊是建立在对紫砂艺术的共同追求基础上的，因此每次合作都十分愉快。2013 年 6 月 23 日，北京韩美林艺术馆二期南展区开馆，汪寅仙受邀参加了开馆仪式。

四、雕塑艺术家辛国勋

辛国勋是汪寅仙的知交之一。在汪寅仙眼中，他是一个耿直、正气、低调、谦和的艺术家。1988 年，在中国美术家协会工作的辛国勋，陪同日本友人横井阳一[①]参观紫砂工艺厂在北京举办的紫砂作品展。参观结束后，日本友人邀请紫砂工艺厂到日本东京举办展览。时值《中日友好条约》签订十周年，中国美术家协会将展览提升到"中国日本和平友好条约缔结十周年纪念"活动的规格，由协会组团到日本举办"中国宜兴陶瓷艺术展"，进行中日陶艺友好交流。中国美术家协会书记处书记阚凤岗担任团长，成员有景德镇陶瓷学院教授周国桢、中央工艺美术学院教授张守智、广东石湾美术陶瓷厂副厂长庄稼等人，辛国勋与汪寅仙同在团员之列，共同考察的经历使他们建立了深厚友谊。（图 2-22）

"中国宜兴陶瓷艺术展"在东京展出时受到了日本观众的欢迎，汪寅仙与张红华做了紫砂工艺的现场演示。汪寅仙、张守智合作的《曲壶》，鲍仲梅创作的《博浪锥壶》，何道洪的《三结义壶》成为日本陶艺界的话题，尤其是《曲壶》被认为是"造型已经超出了茶壶的概念"。汪寅仙与辛国勋合作的《争春砚台》也带到了日本展出。砚台造型为圆形，装饰有月亮和一枝红梅，辛国勋设计小稿，汪寅仙配合制作完成。交流团在日本还考察了常滑市陶产区，与当地的陶艺家进行了友好交流，参观了当地的雕塑公园、美术馆等文化场所。

日本考察之后，辛国勋每次到宜兴都会拜访汪寅仙，两人建立了很好的感情。有一次，得知汪寅仙对摄影感兴趣，辛国勋用了两天的时间向汪寅仙传授使用相机的技巧，耐心讲解光圈、对焦、快门等照相机工作原理。汪寅仙每次去北京，也会去辛国勋家探望。现在他们都已经是年过七旬的老人了，出行越来越少，但是他们保持了信件往来和电话联系，在创作上相互鼓励。

---

① 横井阳一，1935 年 1 月生，原日本株式会社经营企划室副室长，现为社团法人、中国研究所评议员。

↑ 图 2-22 1988 年 10 月,汪寅仙与辛国勋等在日本考察时的合影,右二为辛国勋

五、台湾紫砂藏家黄正雄

　　黄正雄是汪寅仙十分敬佩的紫砂藏家。早在 20 世纪 90 年代初,台湾朋友陈应琳到汪寅仙工作室闲聊,讲了许多台湾藏家爱壶惜壶的故事,其中让汪寅仙印象最深刻的人就是黄正雄。黄正雄的家中收藏了数千件紫砂藏品,女儿出嫁前恳求父亲从中选几把紫砂壶作为嫁妆,黄正雄答应下来。后来,女儿结婚时,黄正雄为女儿陪嫁的却是托朋友新购买的紫砂壶。

　　1993 年 10 月,汪寅仙陪同顾景舟访问台湾,参加由知远发展基金会主办的"宜兴陶艺·顾景舟师生作品联展"。其间,黄正雄偕夫人、儿子到宾馆拜访,因为对紫砂的共同热爱,两人虽然第一次见面,却都感到一见如故。后来,汪寅仙又相继两次赴台湾进行陶艺交流,黄正雄与夫人都做了热情接待。黄正雄访问大陆时,也会挤出时间到宜兴拜访。黄正雄的紫砂收藏是从大学读书时开始的，他收藏有明代时大彬、清代邵大亨、杨彭年、王东石、何心舟等名家的紫砂茗壶。汪寅仙到黄正雄家中做客时，有幸观摩了黄正雄珍藏的历代名家作品，令她进一步感受到了紫砂艺术的魅力。黄正雄对紫砂壶艺的推广不遗余力，20 世纪 90 年代初，他推动了紫砂壶邮票的出版，邮政局先后出版了两套紫砂邮票，让紫砂壶的方寸之美随着邮件远播海外。1995年，汪寅仙手术后在家休养，到上海访问的黄正雄得知消息后，亲自到丁蜀镇探望，令汪寅仙十分感动。

1998 年 6 月，汪寅仙一行在台南办展，时逢端午节，黄正雄的夫人亲自下厨为客人包粽子、做菜庆祝佳节，温馨的氛围让汪寅仙印象深刻。2008 年，黄正雄将自己40 年的紫砂收藏结集出版《紫砂名品：黄正雄珍藏古今名壶特展作品集》，汪寅仙受邀为作品集撰写序文。2013 年 10 月，宜兴"陶都风·宝岛情"宜兴紫砂艺术展在台湾历史博物馆举办，黄正雄邀请了众多社会名流、文化艺术界知名人士到展览现场交流，增进了两岸人民的情感和友谊。

六、南京博物院专家王敦化

王敦化是汪寅仙紫砂从艺初期结识的一位长者。他 1901 年生于山东，字熙如，书斋别署"小红莲庵""沂风堂"。受家庭熏陶，幼时爱舞文弄墨，喜爱金石书画。后入私立齐鲁大学国文系求学，毕业后留校，在齐鲁大学国学研究所任教，并担任中国文学系主任。中华人民共和国成立后供职于南京博物院，从事文物鉴定和研究工作，为中华人民共和国成立后第一代文物鉴定工作研究员，是著名的文物鉴定家，精鉴赏，富收藏。生前是九三学社社员、政协南京市委员、南京印社名誉理事、金陵印社顾问。1991 年逝世于南京。

1959 年，汪寅仙跟随紫砂工艺厂考察团访问南京博物院，王敦化任保管部主任。1960 年，在汪寅仙跟随师傅朱可心成功仿制明代《项圣思桃杯》后，王敦化邀请汪寅仙到南京博物院仿制陈鸣远款紫砂《笋型水盂》。征得紫砂工艺厂领导同意后，汪寅仙赴南京进行仿制工作。

在南京博物院的地下室，汪寅仙看到《笋型水盂》放置在一个黄杨木雕的架座上，形象逼真生动，十分惹人喜爱，暗下决心一定要仿制成功。在王敦化的支持下，汪寅仙结合师傅仿制桃杯的经验，经过一个星期的努力最终成功完成了《笋型水盂》

的仿制。这是汪寅仙第一次离开师傅独立完成历史上流传下来的经典紫砂作品的仿制任务，这一经历进一步深化了她对紫砂花货艺术美的理解。王敦化在中华人民共和国成立前曾任齐鲁大学的中国文学系主任，在紫砂研究方面有一定的修养。在陪同汪寅仙仿制《笋型水盂》的过程中，王敦化为汪寅仙讲述了紫砂发展历史的知识，加深了汪寅仙对紫砂文化的认识。

王敦化还帮汪寅仙刻过多方印章，其中一款方印章汪寅仙现在仍在使用。汪寅仙也曾帮王敦化完成了一些破损紫砂壶的修补。

第三章

传艺授徒

汪寅仙对紫砂技艺传承的贡献主要体现在紫砂技术人才培养和紫砂文化传播两个方面。汪寅仙是紫砂工艺厂早期培养的技术人才，她在早期学徒阶段就曾当过短期的"小老师"，带班传艺。后来，在车间工作尤其是在紫砂研究所工作时培养了一批优秀的紫砂技艺人才，成为工厂的技术骨干。当选为宜兴紫砂陶技艺"国家级传承人"后，汪寅仙通过义务为职业学校上课、帮扶弱势群体学艺、为老艺人整理出版紫砂画册等方式，继续着她对紫砂文化的传承与传播事业。

|第一节|工厂带徒弟

传艺授徒几乎贯穿了汪寅仙整个的从艺生涯。早在学徒阶段，她就开始带班传艺，但正式带徒弟是从 1973 年调入紫砂研究室开始的，江建翔、邹玉芳、吴亚亦、魏志云、梅宝玉、丁洪顺、刘建军、王铭东、何敏等人都是汪寅仙在紫砂工艺厂培养的徒弟。（图 3-1）退休以后，汪寅仙对于紫砂技艺的传承仍然在继续。多年来，她又先后收了王志刚、徐海林、郁晴、丁伯君、范培君、陈忠庆、姚嘉慧等徒弟，为宜兴紫砂界培养了一批新人。

一、带班"小辅导"

汪寅仙是在跟随吴云根学艺一年半，继而跟随蒋蓉学艺 3 个月后被安排去做学徒工班"小辅导"的。1958 年 7 月，紫砂工艺厂又新招收了 1000 多名学徒。由于缺少能够培训学徒工的技术人员，正在跟随蒋蓉学艺的汪寅仙与其他几名学艺较好的学徒被抽调到学徒工班做带班的"小辅导"。在得知工厂的安排后，学艺未满两年的汪寅仙起初并不十分情愿承担带班辅导的工作。她觉得自己年龄仅 15 岁，按照学艺三年满师

图 3-1　2009 年，汪寅仙与学生合影。前排左起魏志云、邹玉芳、江建翔、汪寅仙、吴亚亦、梅宝玉、丁洪顺；后排左起汪叶、吴亚萍、姚志泉、鲍廷博、何敏、刘建军、王铭东、姚志源

的传统，自己学艺时间不到两年，仍然学艺不精，难以胜任辅导工作。后来，在工厂领导的说服下，她才勉强同意承担辅导工作，因为她明白他们这批学徒作为工厂重点培养的技术人才，迟早都会承担辅导学徒的工作。

　　汪寅仙所带的学徒工班有 47 名学徒，有的是初中肄业，有的是高中肄业，还有相当一部分在校生。学徒工的年龄大多数比汪寅仙的年龄大。"小辅导"的工作汪寅仙做了 3 个月的时间，在这 3 个月中，汪寅仙从认识紫砂制作工具、打泥片开始，按照老师傅的传艺方式兢兢业业传授紫砂技艺。9 月份后，宜兴县各学校动员没有毕业的学生回校继续读书。汪寅仙的学徒工班也有很多人陆续回校了。在这种情况下，她向工厂打了报告，希望继续跟随老师傅学习手艺。工厂同意了汪寅仙的请求，由于蒋蓉身边的学徒工位置已满，汪寅仙转到裴石民身边继续学艺。

二、江建翔学艺

江建翔是 1976 年进入紫砂工艺厂的。当时，许成权、李碧芳、何道洪等负责新进厂学徒教学，江建翔在许成权的班组学习，主要练习紫砂造型基础，并借助模具完成简单造型紫砂壶的出口任务。1978 年，工厂为了重点培养年轻技术骨干，从毕业考试中选拔成绩优秀的学徒进入紫砂研究室继续学习，分别由吕尧臣、沈巨华、徐汉棠、汪寅仙单独辅导。江建翔考试成绩优秀，经选拔进入紫砂研究室跟随汪寅仙学习，他是汪寅仙正式传艺的"大弟子"，做壶手艺灵巧，学艺努力。汪寅仙对他也寄予了很高的期望，将自己的技艺倾囊相授。（图 3-2）

汪寅仙最先对江建翔进行了全手工紫砂制作基础的训练，最先教授的是《茄段壶》《牛盖莲子壶》等传统光货器型的制作手法。通过这些壶型的学习，江建翔充分理解了经典紫砂器型线条、弧度等造型要素的和谐比例关系。在花货制作方面，汪寅

▲ 图 3-2 江建翔跟随汪寅仙学艺时的场景

仙首先安排江建翔学习的是《桃形水盂》的制作技艺，桃叶、桃梗的手法都吸收了《项圣思桃杯》的制作理念。《桃形水盂》学好后，逐渐过渡到《天鸡壶》《风卷葵壶》等经典花货壶型的学习。《风卷葵壶》是汪寅仙 20 世纪 70 年代成功仿制的历史经典作品，为了尽快让江建翔领悟到《风卷葵壶》制作的精髓，汪寅仙将自己仿制时的工具、模具毫无保留地交给了江建翔。《风卷葵壶》后来也成为江建翔的成名作，受到藏家的喜爱。花货造型之外，汪寅仙也向江建翔传授了紫砂筋纹器的制作方法。

工具制作方法和紫砂绘图方法是紫砂花货学习的基本功。汪寅仙教江建翔制作的第一件工具是"拍子"，这是传统紫砂手工成型方法"泥片镶接法"所用的最基本的工具之一。在江建翔学习工具制作的过程中，汪寅仙会亲手修改工具不合理的地方，并详细讲解工具的作用原理。除了拍子之外，江建翔还学习了转盘、搭子、鳑鲏刀、尖刀等上百种工具的制作。汪寅仙要求江建翔一件件地学习，直到做到合格为止。江建翔认为，在所有工具中最重要的是木制转盘，它是全手工制作紫砂壶身的基础。关于制作工具的学习，江建翔体会到的是"自己用的工具你能够做了，在造型线条制作上才会扎得住"。如果工具是买来的，制作时就没有"感觉"了，因此，江建翔认为师傅在教学中强调自己动手制作工具的重要性是"比较优胜"的教学方法。

汪寅仙说："艺术创新是生命力，光传承大家都做同一个品种不行。传统的造型是上一代、上上一代紫砂前辈留下来的宝贵财富，我们要在继承了他们的基础上多做一些创新。"在江建翔学会制作工具之后，汪寅仙还逐步向他传授了紫砂制图方法。平面制图是创作紫砂新器型的方法，江建翔后来能在壶型设计上做到游刃有余得益于对紫砂制图方法的掌握。紫砂花货创作方面，汪寅仙要求江建翔自己观察自然，从自然生活当中吸取营养，在创作中走自己的路子。汪寅仙总是不遗余力地为江建翔提供一切可能的创作机会，后来紫砂工艺厂有到中央工艺美术学院进修造型设计的机会，汪寅仙第一时间为江建翔报了名。

在汪寅仙的指导下，江建翔手工制作紫砂的基础打得稳固而扎实，学艺进步快。1982 年江建翔离开汪寅仙协助吕尧臣担任学徒工班的老师，汪寅仙紫砂技艺教学的这套方法也被江建翔应用在紫砂技艺教学实践中。江建翔后来在教学或创作中遇到难题时，仍会到师傅处讨教，师傅仍然一如既往地、毫无保留地耐心解答。在紫砂行业从业多年以后，江建翔感悟最深的是，"从师傅那里学到的最重要的方面是对紫砂艺术的求真精神，用真心、善意去创造作品的美。师傅的每一件作品都是真善美的体现"。

三、吴亚亦学艺

吴亚亦，现为研究员级高级工艺美术师，2016 年被评为江苏省陶瓷艺术大师。她 1971 年进入紫砂工艺厂，最初是高丽君的学徒，受过雕塑方面的训练，毕业后配合高丽君做过短期的带班"小老师"。1984 年，吴亚亦因为喜欢做壶，主动要求跟随汪寅仙学艺。吴亚亦到汪寅仙工作室时，正赶上汪寅仙有《小天鸡壶》和半月形《小水平壶》两款壶型的广交会小型订单，要求每个壶型 50 把，印有汪寅仙的个人印章。汪寅仙当时担任紫砂研究所的副所长，平时工作很忙，自己一个人没法完成任务，生产车间又没有人能制作这种高档产品。吴亚亦到工作室后，在汪寅仙的指导下边学边做，两人一个上手一个下手，共同完成了这批订单。后来吴亚亦慢慢学习了汪寅仙的《水利壶》《佛手壶》等代表作。

汪寅仙在教学中要求步步到位，十分严格。她说，做什么要像什么，要把自己理解的东西体现到壶上去。如果要做圆的器型，就要把圆的器型做好，要做花的器型，就要真正去对植物进行观察写生。她把自己领悟到的道理说给学生听，然后让学生自己结合学习过程体悟其中的道理，并应用到作品的创作中。汪寅仙主张技艺要全面，要求光货花货技艺都要学习，认真制作每一把壶，她这种对待技艺的态度深深地影响了吴亚亦。吴亚亦认为，师傅的作品之所以耐看，是因为"她把真正的感情做到壶里面去了"。

汪寅仙对吴亚亦最大的影响是人格上的熏陶，吴亚亦觉得能够在紫砂之路上遇到汪寅仙这样的老师是自己人生的机遇。她认为，师傅对紫砂艺术的热爱、对技艺传承的责任心是发自内心的。学一行爱一行，师傅很年轻的时候就走上了紫砂的道路，因此对这份事业感情很深。实行市场经济后，曾经有一段时间宜兴紫砂行业授徒传艺有一种保守的思维。吴亚亦在师傅的影响下，始终毫无保留地向学生传授技艺，她想，紫砂技艺只有得到传承，紫砂艺术才能真正发扬光大。而且，如果他们这一代人不将从师傅那里学到的正统的技艺传授下去，紫砂制作技艺发展的道路就会扭曲，走弯路。所以，吴亚亦在教学中也一直向学生强调制作技法的规范性，认真学习，对紫砂艺术的发展负责任。

四、邹玉芳等徒弟学艺

1982 年，江建翔离开汪寅仙之后，邹玉芳转入汪寅仙工作室学艺。邹玉芳是许成权的徒弟，许成权因为要调到南京艺术学院工作，便把邹玉芳托付给汪寅仙教授技艺。魏志云先跟随高丽君学艺，1985 年转到汪寅仙工作室学艺。魏志云之后，汪寅仙又收了梅宝玉、刘建军、何敏、丁洪顺等徒弟。他们进入汪寅仙工作室之前都有一定的技艺基础，丁洪顺还曾经协助许成权做带班"小老师"，为了进一步提高技艺，陆续师从汪寅仙学艺。王铭东身体有残疾，他的妈妈请求汪寅仙教授王铭东做壶。汪寅仙最先安排他在江建翔身边学习了基本功后，转入自己工作室亲自指导。汪寅仙的侄女汪叶从丁蜀镇职业中学转入紫砂工艺厂学艺。她最早跟随魏志云学艺两年，第三年时转入汪寅仙工作室学习。

邹玉芳等徒弟都掌握了紫砂造型的基本功，汪寅仙的教学方法是让他们在自己打样的高档紫砂壶有出口订货时一起制作，既完成出口任务又学习制作高档产品，提高技艺。在生产过程中，汪寅仙教授紫砂技艺的要点和重点，让他们边生产边学习，为工厂创造效益。除了正式的徒弟之外，汪寅仙近年来还指导了一些"业余徒弟"。所谓"业余徒弟"，是行业内从事紫砂制作的年轻人自己带作品和问题到工作室求教，汪寅仙都从实际出发，毫无保留地为他们提供指导。

|第二节|子女习艺

20 世纪 80 年代中后期，紫砂工艺厂鼓励工艺技术人员的子女入厂跟随父母学习紫砂技艺。汪寅仙的子女姚志源、姚志泉都是高中毕业进入紫砂工艺厂跟随母亲学习紫砂技艺的。与江建翔、吴亚亦的学艺由紫砂工艺厂统一安排不同，汪寅仙亲自为子女们设计了一整套学习流程。（图 3-3）

工欲善其事，必先利其器。汪寅仙对子女的教学是从学做工具开始的。汪寅仙自己学艺时条件较差，班组里只有师傅吴云根有锉子、凿子等工具，学生使用的工具都由师傅预先整修好。在多年的从艺实践中，汪寅仙体会到了从事紫砂工艺要懂得工具制作的必要性，因此，她的子女学艺是从学做工具开始的。姚志源 1989 年正式进入

▲ 图 3-3　1994 年，汪寅仙向子女们传艺时的场景

紫砂工艺厂当学徒时，用了 3 个月的时间学习制作紫砂工具。从搭子、拍子到挖嘴刀等常规工具和特殊工具的制作，姚志源都逐一进行了学习。他对制作工具的体会是，"工具是死的，人是活的，要做到从有法到无法，根据壶型的需要对工具进行整修、完善"。

学会制作工具之后，姚志源转入打泥片、打泥条、打身筒等基本造型技法的学习阶段。汪寅仙认为，儿子必须把光货作为基础来学习，光货做好之后才能进行花货的学习。姚志源练习的第一个壶型是汪寅仙设计的《掇英壶》。壶的身筒完成后坯中含水相对较多，要等待壶身自然风干一段时间才能进入下一步骤的制作。汪寅仙要求姚志源利用中间时间在壶身上面进行字画陶刻的练习。姚志源从小喜欢写写画画，上初中时便开始了书法和工笔绘画的学习，这样在学习紫砂技艺的同时也延续了他在书画方面的兴趣。姚志源学习陶刻有一个有利条件是母亲的工作室与陶刻大家谭泉海的工作室相邻。受汪寅仙的请托，谭泉海在书法、陶刻方面给了姚志源直接的指导。姚志源在学徒过程中，在绘画方面还得到了新金陵画派画家秦剑铭的指导。1989 年，秦剑铭有一次到紫砂工艺厂考察，看到姚志源在学制壶之余完成的绘画作品后，主动提出收姚志源为徒，教他学习绘画。秦剑铭给姚志源购买了国画书籍资料，讲授画理要义，并进行了绘画示范，姚志源的绘画水平得到了很大的提高。（图 3-4）

姚志源学艺十分刻苦，学徒期间他通常每天都会练习到很晚回家。在汪寅仙的精心指导下，经过几个月的练习之后便能独立完成《掇英壶》的制作了。日本紫砂爱好者联谊会会长横井阳一访问紫砂工艺厂，看到姚志源正在制作的《掇英壶》十分喜欢，按照 50 元一把的价格一次订制了 50 把赠送日本会员。在学艺阶段就能够独立完成高档产品的海外订单，这极大地鼓舞了姚志源学艺的信心。姚志源学习的第二件光货壶型是清代制壶名家程寿珍的《掇英壶》，这个壶型由三个球型累加成型，难度系数大幅增加。汪寅仙主张"学习传统不能完全照搬照抄，应该要用我们现在的理念有所修正"。在姚志源练习的过程中，母亲向他传授了如何对经典壶型进行改进的方法。姚志源自幼受紫砂艺术熏陶，悟性高，最后根据自己的理解将带有清代审美趣味的长的壶嘴壶把改短，整体壶型保持了原有壶型挺括的感觉，既带有古典的意味，同时也有了现代的气息，这样的改进让母亲十分满意。在做第三种壶型的时候，姚志源就已经开始进行壶型的创作了。

光货基础打牢之后，姚志源转入了花货的学习阶段。花货的塑形不同于光货的"打身筒"，是另外一套成型方法，属于堆塑的类型。开始学习花货技法时姚志源便

↑ 图 3-4 汪寅仙指导姚志源壶艺创作

给自己定了较高的要求，挑选了民间制壶名家冯桂林的《梅桩壶》进行学习。汪寅仙告诉姚志源说，冯桂林的《梅桩壶》是个十分经典的壶型，但是仿制的难度比较大。姚志源经过思考之后，还是决定从《梅桩壶》开始学习花货，做了这个壶型之后他还尝试做了一些更为复杂的花货品种，技艺水准也得到了一阶阶的提升。

基本的技法之外，汪寅仙还向姚志源传授了在历史经典壶型基础上提高艺术水准的技巧。以《石瓢壶》为例，历史上经典大家的《石瓢壶》品种有多种，杨彭年、顾景舟、徐汉棠等人都有经典的《石瓢壶》作品，汪寅仙会把能够找到的所有关于《石瓢壶》的资料集合在一起，让子女们来品评每把《石瓢壶》的优点在哪里，如何在这个基础上有所改进或者是有所改良。这种品评的过程加深了姚志源等人对于紫砂艺术性的理解，也促进了他们制作技艺的提升。品评经典作品也成为他们研讨壶艺的习惯。

1990 年，姚志泉高中毕业后也进入紫砂工艺厂学艺。她是从母亲的《仿古壶》和《牛盖莲子壶》开始入手学艺的，她乖巧、勤奋，手艺精巧，做壶既大胆又细腻，也形成了自己的制壶风格。姚志泉的丈夫鲍廷博1989年进入紫砂工艺厂，师承的是紫砂名家鲍仲梅的技艺，与姚志泉结婚后，在汪寅仙的指导下技艺也得到了进一步的提高。汪寅仙认为，女婿和女儿的创作思路很宽广，希望他们都要有各自的追求，呈现他们自己的风格。汪寅仙的儿媳吴亚萍是1991年底在汪寅仙的指导下走上紫砂之路的。她学艺的第一个品种是她自己在中央工艺美术学院学习时设计的图样，汪寅仙看后觉得图样符合制作要求，便指导她制作了出来。吴亚萍在学艺过程中也同样经过了光货类壶型的基本功训练。

汪寅仙为姚志源、吴亚萍、姚志泉的紫砂技艺学习设计了不同的学习步骤，但他们都经过了扎实的基础技法的练习。汪寅仙说："你去搞创作也好，你去做花货也好，有这样一个技术基础就慢慢可以了。因为在往后的实践中照样还可以练，紫砂技艺只有在不断的实践过程中才能不断地提高，这都是我一生从艺的体会和感悟。"姚志源和姚志泉学艺开始时正值我国台湾以及东南亚地区"紫砂热"的第一次高峰，他们的一些作品得到了客户的肯定，客户的订单进一步激发了他们学艺的积极性，技艺在相对较短的时间内得到了锻炼。姚志源开始创作比较早，也很喜欢搞创作，汪寅仙支持子女们自由发挥，她认为"创作同样也是在学艺"。

1992年，姚志源、吴亚萍、姚志泉、鲍廷博4个人共同到中央工艺美术学院进修陶瓷造型设计专业。在学院的氛围中，他们接受了东西方现代陶艺的熏陶，了解了国际陶艺前沿趋势，在美学素养和艺术视野方面都得到了很大的提升。从实践到理论，再用理论来指导实践，他们在潜移默化中完善了自己的创作理念。

| 第三节 | 传播紫砂文化

一、成立陶艺专委会

1998 年，江苏省轻工业厅在扬州召开行业会议，要求恢复"文革"时期停办的陶艺协会的工作，汪寅仙与徐秀棠参加了会议。1999 年，紫砂工艺厂进行股份制改制以后，紫砂技艺的保护与传承成为行业发展的一个重要课题。汪寅仙等人很希望紫砂工艺厂改制后，紫砂行业仍能保持健康的生命力。在江苏省工艺美术协会的支持下，汪寅仙等行业内有名望的紫砂艺术家共同发起成立陶艺专委会，目的是通过组织工艺师举办展览等交流活动的方式，扛起紫砂艺术发展大旗，传播紫砂文化。

陶艺专委会属于民间组织，成员以从事紫砂制作的工艺师为主，也包括精陶、均陶等行业的技术人员，共同组织行业交流活动。由徐秀棠担任专委会主任委员，汪寅仙担任副主任委员。在汪寅仙等人的努力下，1999 年，陶艺专委会举行了正式的成立大会，挂牌开展工作，行业主管部门的领导出席了成立大会。协会刚成立时，汪寅仙负责协会的财务工作，协会的资金来源是自筹资金，主要是来自会员的捐赠。协会针对会员出版了内部杂志《紫砂陶艺》，主要刊发协会会员的研究论文和作品。

1999 年 1 月，陶艺专委会在南京博物院举办了宜兴紫砂艺术大型展览，广泛动员了宜兴紫砂行业的优秀中青年工艺师参展，全面展示了宜兴紫砂艺术发展创新的成果。展览结束后，陶艺专委会为南京博物院捐赠了 16 件紫砂精品，用于传播紫砂文化。南京博物院的展览举办之后，陶艺专委会又牵头在宜兴、无锡、上海等地举办了紫砂艺术展，扩大了紫砂艺术的社会影响。2000 年，在无锡博物馆办展，向无锡博物馆捐赠 200 多件优秀作品作为馆藏，这是专委会成立以来所做的一件有意义的大事。

二、为老艺人出版画册

汪寅仙是一个感念师恩的人。回想自己的艺术之路，她觉得自己能够在紫砂艺术之路上取得今天的成绩，离不开吴云根、朱可心等老师傅的尽心栽培。老师傅在世时她没有条件给予老师们多少回馈，退休以后闲暇多了，汪寅仙心里总想着为师傅们做点什么来弥补心里的遗憾。

2003 年朱可心 100 周年诞辰时，汪寅仙与师兄师姐们商量，通过出版纪念作品集的方式来纪念师傅对紫砂艺术发展的贡献。汪寅仙与朱可心的众弟子撰写了回忆师傅的文章，同时广泛收集师傅的经典紫砂作品。朱可心的作品大多数都由工厂销售出去了，因此在作品收集方面存在很大的难度。汪寅仙了解到台湾杂志中有很多朱可心的作品图片，于是她和爱人姚荣培翻阅了 200 多本杂志，从中挑选出画质最好的部分，装了箱子用自行车带到照相馆去翻拍。《朱可心紫砂陶艺·百年纪念》一书由上海人民美术出版社出版，书中汇集了朱可心创作的《云龙壶》《圆松竹梅壶》《报春壶》《彩蝶壶》等 60 余件紫砂经典作品的 80 余幅图片，及朱可心生前参与重大社会活动的照片数十幅，编入了汪寅仙等入室弟子撰写的纪念专文及代表作品，为读者全面了解朱可心紫砂艺术流派的风格特点提供了重要参照。（图 3-5）

图 3-5 《朱可心紫砂陶艺·百年纪念》书影

《朱可心紫砂陶艺·百年纪念》一书出版后，获得了业界的认可，也产生了很大的社会影响。朱可心是近代以来一位代表性的紫砂大家，只有汪寅仙这代人能够把真实的朱可心还原、记录下来。紫砂行业的资深人士都认为为老艺人出版纪念图册是一件好事情。2011年11月9日，由台湾成阳艺术文化基金会发起，在中国美术学院举办了"紫砂意象——朱可心师生作品展暨学术研讨会"，展出海峡两岸紫砂藏家共同提供的紫砂艺术作品50余件，汪寅仙与曹婉芬、范洪泉、高丽君、王小龙等宜兴紫砂艺术家向参观者详细介绍了紫砂壶的艺术特点。在紫砂艺术学术研讨会上，张道一等来自南京大学、东南大学、南京艺术学院、故宫博物院和南京博物院的专家学者从多个角度对紫砂壶艺的发展进行了深入研讨。张道一提出了对紫砂化货之美的认识，高度评价了朱可心的紫砂艺术成就。展览后出版了《紫砂意象——朱可心师生作品集 紫砂艺术学术研讨会论文集》。（图3-6）

朱可心画册出版之后，汪寅仙受到很大的鼓舞，之后，她又陆陆续续参与了吴云根、裴石民等老艺人画册的编辑出版工作。吴云根是1969年离世的，收集他作品的难度比收集朱可心作品的难度还要大。汪寅仙多方查找，委托台湾的朋友从藏家手中借出藏品拍摄。这项工作陆陆续续做了几年的时间，一直到2009年1月，吴云根辞世40周年时作品集出版，汪寅仙的心愿才总算得以达成。（图3-7）

图3-6 《紫砂意象——朱可心师生作品集 紫砂艺术学术研讨会论文集》书影

图3-7 《吴云根紫砂艺术》书影

裴石民的画册也是在 2009 年完成的。裴石民的孙子裴峻峰是一名大学教授，他撰写了回忆爷爷的文章，也做了很多裴石民友人及弟子的专访，文字内容很丰富，但是缺少作品实物照片。汪寅仙也是通过台湾朋友从收藏家那里把藏品借出来拍摄，有壶、盆、瓶、果、珍玩以及裴石民做过的仿古董资料，品种和内容十分丰富。《石民冶陶——裴石民紫砂艺术》最后由裴峻峰编辑完成，上海古籍出版社出版。（图 3-8）

图 3-8 《石民冶陶——裴石民紫砂艺术》书影

2016 年正值朱可心逝世 30 周年，宜兴市举办了朱可心紫砂艺术研讨会。汪寅仙用了两个月的时间重新整理了朱可心在紫砂艺术上的业绩和贡献，以《汲古融新天下可，师恩永志壶艺心——深切怀念恩师朱可心先生逝世三十周年》为题，在《紫砂汇》杂志上刊发了专文。

汪寅仙认为，紫砂的造型工艺有方货、花货、光货，有自然型的，还有筋纹型的，如同京剧里面有小生、老生、花旦等诸多角色，各种各样的形式和门类都不能缺。紫砂各个门类中都有各种类型的代表人物，紫砂老艺人这个班子好比是国剧的一个班子，各有千秋，谁也不能替代谁。在她心里，为老艺人出版作品集既是对紫砂文化研究的弘扬，同时也是对老师培养的一种报答。纪念性画册的出版，记录了紫砂老艺人的从艺经历、技艺经验、艺术贡献，是对中华人民共和国成立以后宜兴紫砂艺术发展的一种回顾与总结，以口述史的方式填补了当代紫砂艺术研究的空白。汪寅仙多年来撰写了近 30 篇回忆文章和紫砂艺术论文，通过文字将自己对技艺的感悟以及自己在紫砂行业经历的有意义的人和事记录了下来。虽然这项工作让汪寅仙连续忙碌了多年，但是这让她觉得心底踏实，自己算是抓住了机遇做了应该做的事情。

三、紫砂技艺"传帮带"

汪寅仙是一位富有技艺传承使命感的艺术家。在紫砂工艺厂工作时期汪寅仙就培养了众多优秀紫砂人才。正式退休以后，为了传承紫砂技艺，她走向培训机构，走向弱势群体，为紫砂行业做义务性的"传帮带"工作。

紫砂工艺厂改制后，社会团体组织的全手工培训教学渐渐多了起来，逐渐成为紫砂人才培养的重要形式。吴亚亦开办了全手工紫砂技艺培训机构，汪寅仙十分支持徒弟从事紫砂技艺传承工作，她会不定期安排时间去做现场指导。董晓勇是丁蜀镇的一位从事紫砂全手工培训的复员军人，他的培训班十分关注弱势群体，免费培训单亲孩子、下岗工人和残疾人。汪寅仙知道之后十分感动，不定期地为他们现场辅导做壶，到 2013 年 11 月时，董晓勇的培训班培养了 3 批徒弟共 43 人。2013 年，宜兴市残疾人联合会要帮助残疾人学习紫砂技艺，汪寅仙认为这是一件十分有意义的事情，高兴地承担了范培军的传帮带工作，2014 年又接受了残疾人陈忠庆传帮带的任务。宜兴市陶瓷行业协会组织人员下乡为农民紫砂合作社提供技术指导，汪寅仙会到现场去上大课。汪寅仙平时行业内的交流活动还很多，她经常挤出时间，走向学校和社会弱势群体，做一些义务性的现场指导工作。

近年来，紫砂行业发展十分迅速，从业人员越来越多，经常有紫砂艺人带着作品登门向汪寅仙请教技艺。汪寅仙每次都会耐心诚恳地指出作品的不足之处，并讲解改进的方法。汪寅仙把这些经常登门拜访的徒弟称为"业余徒弟"，她有多名业余徒弟。

汪寅仙说，我们当代紫砂专业技术人员都是由老一代手把手教出来的，现在有精力的时候，有人来求教的时候，应该尽量去帮助他们，这也是我们这代人应该做的事情。

四、指导职业高中紫砂教学

汪寅仙被命名为首批国家级非物质文化遗产"宜兴紫砂陶制作技艺"传承人，在她心目中，传承人的名号是荣誉也是责任，自己只有更为努力地做好传承工作才能对得起这项荣誉。2009 年，在宜兴陶瓷行业协会推荐下，汪寅仙受聘为丁蜀镇高级职业中学教育董事会成员。

学校学习紫砂的学生人数很多。汪寅仙了解了紫砂全手工教学计划后，提出了自己的意见。她主张要为学紫砂的学生开设制图课，让学生能够自己绘图，按图施艺，提高学生对于优秀作品的分析能力。学校开始设定的学生实习计划是从《仿古壶》开始进入全手工制壶的学习，汪寅仙认为，《仿古壶》在过去是学徒第三年的学习课程，对初学者来说难度较大。她建议，学生实习起步阶段应该从简单的造型学起，第一个品种做简单点的壶型，让学生先体会到学习的甜头，然后逐渐提高难度，先易后难、按部就班地授课。比如，可以从做简单的杯子开始，有一定的基础后逐步过渡到做茶壶的阶段，如此可以慢慢培养学生的兴趣。先把泥片泥条打好了，基础打好了然后再逐阶提高。汪寅仙的这项建议被完全采纳，学校全手工紫砂教学方案得到了科学的修正。（图 3–9）

汪寅仙每年会不定期走进这所学校的紫砂课堂，把几个班合在一起进行现场授课。在授课时，她首先要求学生端正自己的学习态度，掌握学习方法，从过去的学习体会讲述学习紫砂的发展前途，让学生有学习的信心。然后，具体讲述紫砂制作工艺的一些要求和基本知识。针对《仿古壶》的制作方法，汪寅仙专门撰写了《〈仿古壶〉全手工成型程序及制作要点》授课讲义，内容包括：仿古壶成型工艺全过程、操作要点、造型特点三部分内容。

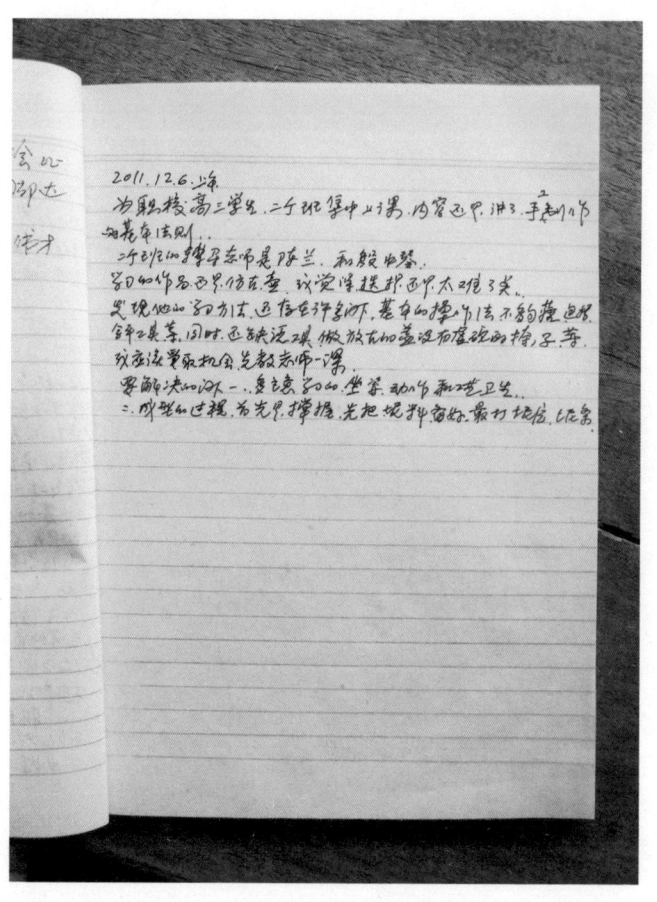

图 3-9　汪寅仙为丁蜀镇高级职业中学授课笔记

《〈仿古壶〉全手工成型程序及制作要点》讲义

一、成型工艺全过程

准备好泥料。先打底、满、大只、口盖、线片，让泥片平摊着晾一下，然后，打泥条、围片、围泥条，把接头革紧、革平。打身筒，先打壶身的下半部，开始左手伸向筒内，必须超过泥条的半径二分之一的高度，打两圈后把手慢慢抿下，打好后，用脂泥把满片上好后挤紧、勒齐平。然后，把身筒搋圆正，晾一下身筒。打盖子虚片、假底片、同盖板、搓嘴、鋬、滴段、篦身筒。先勒假底，后上大只，身筒晾一下。做壶嘴、鋬、整盖板，勒大只，上口线，清口线，完假底，光身筒，装接嘴鋬。打子口泥条，勒子口，勒嘴鋬、光头遍。完盖头，打盖印。捻滴子，装滴子，转滴脚。光茶壶，开壶口。推墙刮底，致密壶内。用明针把壶全面刮光。然后，打底印。待壶坯干至脱手时，要用棉布绞坯，把壶面上留下的明针阴影绞擦掉，这即是壶成型工艺的全过程。（图3-10）

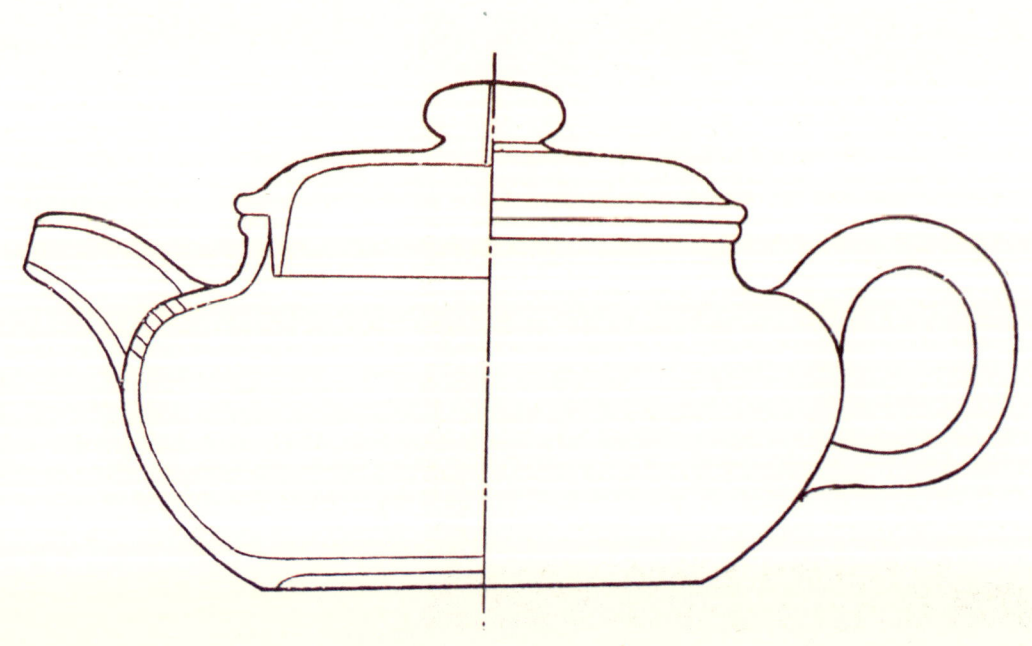

图3-10 仿古壶线稿，汪寅仙绘制

二、注意要点

1.掌握泥性。掌握好泥料的干湿硬烂，打片子，泥条的泥料不能过硬，也不能过烂。过硬，身筒打不活；过烂，身筒打不挺。

2.搋身筒、箆身筒是为了整形，同时也是把身筒表面加强致密。

3.搓嘴、鋬的泥，不能过硬、过烂，过硬搓不圆，过软捏不挺。

4.装接嘴、鋬，仿古壶的高颈口，壶嘴、鋬的高度要与口平直。

5.琢完嘴鋬后，勒嘴鋬的工序是整形的重要环节，如勒得和谐与壶整体的协调能起到重要作用，同时也完好光润。

6.推墙刮底是整理壶内及致密壶内的关键。

7.绞坯是把好壶的最后一道关，自己应作全面检查，同时把壶面上留下的明针阴影绞擦掉。

全手工成型必须按部就班，循序渐进，才能掌握好基本功。

三、仿古壶的造型特点

仿古壶形式古朴、线条简洁，壶身为典型的抛物线，壶身上下主要由大小弧线组成，正弧线、反弧线的组合才使壶身形象生动。

一个作者能理解线的运用，并把握好线与线的过渡关系，那就能做出一个像样的壶来。

在汪寅仙的课堂上，学生不仅深入领会了紫砂艺术的堂奥，也从大师不平凡的从艺经历中获得了鼓舞。

姚志源

姚志源，男，南京师范大学艺术设计专业本科毕业，江苏省陶瓷艺术大师，高级工艺美术师，宜兴市非物质文化遗产代表性传承人，中国工艺美术协会会员，中国民间文艺家协会会员，首届宜兴市十佳青年陶艺家，江苏省陶协陶瓷艺术委员会常务理事，省陶协陶专会会员，宜兴市青联会会员，宜兴市慈善会丁蜀镇分会会员，贵州贵阳南明紫砂协会顾问，江苏省文化产业商会会员，东方紫玉艺术研究院研究员，郑州四海壶具博物馆学术专家委员会委员兼首席顾问，文化部艺术发展中心创意产业研究院专家委员会委员，宜兴徐悲鸿画院紫砂院秘书长。（图3-11）

↑ 图3-11　姚志源

1971年1月出生于宜兴丁蜀镇陶艺世家，自幼受家庭熏陶，耳濡目染，酷爱紫砂艺术。

1989年进宜兴紫砂工艺厂，跟随母亲汪寅仙大师学习紫砂壶艺，深得真传，练就了扎实的基本功，同时跟随谭泉海大师学习书画陶刻，齐头并进，相辅相成。

1992年赴中央工艺美术学院（现清华大学美术学院）进修深造，进一步提高了造型艺术的基础和设计能力，开阔了眼界。后回紫砂工艺厂研究所汪寅仙工作室专业从事紫砂造型设计及制作。精研技术，力求学贯中西，融汇古今；精益求精，道法自然，新作不断。姚志源从艺至今创作作品数百件（套），好评如潮，深得藏家青睐。他孜孜以求，不断探索，对自己提出更高要求，力求在继承优秀传统的同时发扬、创新、突破，毕一生之力，耕陶为乐。

姚志源作品以光货入手，更擅长花货及雕塑器，运用紫砂特有的本土语言融入对传统经典的理解，将对生活和大自然之感悟融入其中，并用心来创作自己的每一件作品。作品施艺严谨，深厚敦朴，简练大方，重气求精。追求古朴典雅，整体形式优美，文化内涵深厚。在学习传统的基础上，吸收现代雕塑、前卫陶艺相关姐妹艺术的精华，构思独特，手法新颖；工艺精致，气韵生动，蕴含精、气、神。大胆吸收工笔画的意趣用笔，更追求国画的章法。大写意的布局，融书画、金石篆刻、陶艺于一身，全面发展。作品力求点、线、面的有机结合，以达珠圆玉润、线条流畅的艺术效果，具有鲜明的个人风格和时代精神。（图3-12～图3-14）

图3-12　红梅套壶，姚志源作品

图 3-13　一壶乾坤壶，姚志源作品

图 3-14　一帆风顺壶，姚志源作品，2002 年香港《大公报》100 周年收藏

吴亚萍

　　吴亚萍，姚志源之妻，工艺美术员，江苏省工艺美术学会陶专会会员。1972年生于陶都宜兴制陶世家，自幼受紫砂艺术熏陶。1992年进入紫砂工艺厂跟随汪寅仙学艺，打下了扎实的基本功。1992年，在中央工艺美术学院进修陶瓷造型设计，通过刻苦学习，理论与实践相结合，技艺逐渐成熟，作品《紫玉壶》被中央工艺美术学院陶瓷美术系作为教学资料收藏。（图3-15）

　　1997年，作品《井栏壶》发表于《新民晚报》。1999年5月，与韩美林合作的《美林鱼壶》《陶乐壶》在中国美术馆展出。2000年3月，赴马来西亚参加"汪寅仙家族紫砂精品展"。2001年10月，参加中国工艺美术珍宝馆"汪寅仙大师家族展"。2003年3月，《陶乐壶》获中国工艺美术协会举办的"第37届全国旅游工艺品博览会"三等奖；同年10月，作品《三足祥龙壶》获"第一届中国陶瓷艺术展"中陶方圆杯优秀奖。

　　吴亚萍的作品融汇古今，善于吸收众家之长，传统与现代兼收并蓄，实用与美观和谐统一。在造型上，通过点、线、面间关系的合理应用，形成了珠圆玉润的壶型效果。艺术风格简洁明快，古朴雅致。（图3-16、图3-17）

▲ 图3-15　吴亚萍

⬆ 图 3-16　仿古如意壶，吴亚萍作品

⬆ 图 3-17　陶乐壶（韩美林设计），吴亚萍制作

姚志泉

姚志泉，工艺美术师，江苏省陶瓷行业协会会员、江苏省工艺美术学会会员、中国国际茶文化研究会会员。1973 年生于宜兴丁蜀镇。1990 年 7 月，进入宜兴紫砂工艺厂，1991 年跟随母亲汪寅仙学艺。1992 年到中央工艺美术学院进修陶瓷造型设计，作品《篱客壶》《玉泉壶》被中央工艺美术学院陶瓷美术系作为教学资料收藏。（图 3-18）

▲ 图 3-18　姚志泉

1995 年，作品《缘圆壶》获江苏省工艺美术陶瓷新品评比二等奖。2000 年，作品《蝠戏樱桃壶》，获得"第二届中国国家级工艺美术大师精品展"铜奖。2001 年，作品《九头精纹鼎茶具》获"宜兴国际陶艺展"三等奖。2002 年，作品《五头黛彩丹锦壶组》获"中国华东工艺美术精品展"金奖；同年，作品《紫茄壶》入选"中国美术家协会第一届中国陶艺作品展"。2003 年，作品《黑白子组壶》获得"2003 年江苏省工艺美术协会新人新作展"二等奖；同年，作品《归田风趣图》获得"中国第 37 届全国工艺品博览会"二等奖；论文《黑白之道》发表于《江苏陶艺》（总第 14 期），《〈缘圆壶〉的创作体会》发表于《江苏陶艺》（总第 15 期）。2009 年，参加"中国非物质文化遗产传统技艺大展"。

姚志泉的光货作品韵味独特、线条简洁灵动，如云出岫；花货作品将中国工笔绘画的线条美与写意画的意境美融会贯通，形神兼备，妙趣天成；花果作品散发出田园诗般的空灵野趣，风格优美恬淡。（图 3-19、图 3-20）

近几年来，她勤奋研习紫砂的花货技法，与丈夫鲍廷博合作的紫砂新样富有灵气，所采用的装饰手法形式新颖，受到壶艺爱好者的好评。

▲ 图 3-19 翠柏映泉壶，姚志泉、鲍廷博作品

▲ 图 3-20 荧星海棠壶，姚志泉、鲍廷博作品

鲍廷博

鲍廷博，号白宕人、鹤芦、大鹤、壶隐。工艺美术师，《宜兴紫砂》编委，"壶客斋·紫砂世家"网站负责人。1972年出生于宜兴丁蜀镇陶艺世家。1989年高中毕业后进入宜兴紫砂工艺厂学艺，师承鲍仲梅、施秀春、施小马、汪寅仙等紫砂名家。1992年，在中央工艺美术学院进修陶瓷造型设计，作品《玉映方蓬壶》被学校陶瓷美术系作为教学资料收藏。与姚志泉结婚后，在紫砂技艺方面得到汪寅仙更多的指导。（图3-21）

↑ 图3-21 鲍廷博

1994年1月，《如意锦箱壶》由香港茶具文物馆收藏。2000年，作品《犀皮提梁壶》获得"第二届中国国家级工艺美术大师展"银奖。2003年，作品《天地乾坤壶》，获得"2003年江苏省工艺美术协会新人新作展"一等奖；同年，作品《归田风趣壶》获得"中国第37届全国工艺品博览会"二等奖。2006年11月，《玉映方蓬壶》被中南海紫光阁收藏。2009年，参加"中国非物质文化遗产传统技艺大展"。《粉墨出神采，壶中显乾坤》2001年发表于《中国宜兴国际陶艺研讨会论文集》。《黑白之道》2003年发表于《江苏陶艺》（总第14期）。《也说天香阁》2006年发表于《无锡文博》（总第71期）。《解读觚棱》发表于《宜兴紫砂》2007年第4期。

鲍廷博的壶艺作品融汇古今，充分利

用了紫砂的天然美质，通过巧妙的构思和多样而富有创新的装饰技法，形成了浑厚凝重、华美瑰丽、意境深邃的艺术风格。他还在继承传统的同时融入了犀皮、洒金、绞胎手法，尤其是1993年首创以绞胎手法表现漆器犀皮的装饰效果，丰富了紫砂造型手段和装饰手法。（图 3-22）

近几年来，他不断地开发创新，用古代漆器的纹样装饰他的壶，既使壶显得古朴雅致，又突出了他独特的手法。他平时低调做人，诚实守信，在爱好古文的同时勤练书法篆刻，是非常刻苦勤奋好学的人，是壶艺爱好者中口碑比较好的青年陶艺家。

图 3-22 犀皮六棱壶，鲍廷博作品

汪叶

　　汪叶，2016 年为高级工艺美术师。江苏宜兴丁蜀镇人，生于陶艺世家，从小喜爱陶艺（图 3-23）。1990 年初中毕业后进入丁蜀镇职业高中学习紫砂。一年半后，转入紫砂工艺厂师从魏志云学艺，学徒工班毕业后，1993 年进入紫砂研究所跟随姑妈汪寅仙学艺。在汪寅仙的严格要求下，技艺水平不断提高。1994 年，进入中央工艺美术学院"陶瓷造型培训班"学习。曾制作韩美林设计的 20 多个壶型。从艺以来，勤奋钻研，练就了扎实的基本功，在经典壶型仿制与个人创作实践中都取得了很好的成绩。汪叶创作了《方旋壶》《雀雀壶》《祝寿壶》《葫芦壶》《缠枝牡丹壶》等近 30 个品种，造型沉稳精当，得到了汪寅仙的肯定。（图 3-24）

▲ 图 3-23　汪叶

▲ 图 3-24　松鼠葡萄壶，汪叶作品

江建翔

江建翔，1957 年生，江苏省宜兴丁山人。高级工艺美术师，2011 年为江苏省陶瓷艺术大师。中国工艺美术学会会员，江苏省陶瓷艺术委员会委员。1976 年进紫砂工艺厂，师从许成权学艺。由于成绩显著，1978 年，被选拔进紫砂工艺厂研究室深造，拜汪寅仙为师，全面学习正规系统紫砂陶的设计、制造和创作，并悉心钻研紫砂传统技法，着重紫砂塑器研究。1982 年和 1991 年曾两次入中央工艺美术学院进修陶瓷造型设计。1987 年，制作的汪寅仙样式《风卷葵壶》被选入中南海紫光阁收藏。1989 年，受

▲ 图 3-25　江建翔

文化部委派，出访波兰、东欧各国进行陶艺交流。2000 年，被评为高级工艺美术师。2001 年，他的《梅花三弄壶》获得"中国宜兴国际陶艺展"二等奖。2009 年，作品《清香壶》入选中国美术馆"陶都风——中国宜兴陶瓷艺术展"。（图 3-25）

　▲ 图 3-26　石瓢梅花壶，江建翔作品

　　江建翔经过不断学习、研究，他的作品逐渐形成意念新、变化大、题材广等特点。他尤以塑器见长，手法细腻、造型俊秀简洁、画面清新，点缀恰到好处。受其老师的影响，江建翔在艺术上严谨、求新，坚持传统的"根本"不放松，在每一款作品上，都融入新的创意。他坚持一种理念，就是绝不重复做做过的作品。（图3-26）

　　汪寅仙评价江建翔："聪明有灵气，在花货技艺上有自己的追求。他对造型设计有理念，能够采用多思路的方法，结合现代思维进行单一的、全方位的线形切割与组合，装饰得当，力求最完美的几何形体点缀恰到好处，使器物和谐统一。"

　　江建翔的作品圆润中透着灵气，繁复中含着精炼。作品以"松"为题材的，能显示出松的粗犷苍健；以"竹"为题材的，能显示出竹的清秀俊逸；以"梅"为题材的，能显示出梅的冰肌铁骨；以"桃"为题材的，能显示出桃的婀娜多姿。以藤本植物为题材的，如"葡萄""葫芦""南瓜"等题材作品皆栩栩如生，静中见动。而塑器作品亦能充分显示张力，尤其壶嘴和把的造型更有其风格特点。在江建翔40多年的从艺生涯中，他自己比较满意的作品有：1983年创作的《硕彦茶具》，1988年创作的《兽钮传炉壶组》，1991年创作的《挚友茶具》，1992年创作的《竹报平安壶》等。（图3-27）

　　江建翔的紫砂花货技艺超群，是同龄紫砂艺人中的佼佼者，与他的师傅汪寅仙一样，多年来也为宜兴紫砂行业培养了一批技艺出色的优秀人才。

图3-27　玉璧壶，江建翔作品

邹玉芳

　　邹玉芳，工艺美术师，江苏省工艺美术学会会员，宜兴市紫砂行业协会会员。1957年，生于陶瓷世家。父亲是第一代化工陶技师，母亲从事彩陶技艺。1976年进入宜兴紫砂工艺厂学艺，得到许成权、丁洪顺以及老艺人朱可心的指导。1983年进入紫砂研究所工作，跟随汪寅仙学习全手工成型技艺。在汪寅仙指导下，学习了全手工制作的《大翻盖柿子壶》《扁南瓜壶》等作品。1983年和1989年曾经两次参加中央工艺美术学院举办的紫砂造型设计与制图培训班。1989年通过考核，成为国家级工艺美术员，转为紫砂工艺厂创作人员。（图3-28）

↑ 图3-28　邹玉芳

　　1990年，作品《十二生肖壶》获得"景德镇国际陶瓷评比"二等奖和"全国陶瓷评比"二等奖。1995年，作品《源远流长提梁壶》获得"江苏省工艺美术陶瓷新品"二等奖。1998年，制作的两款韩美林设计壶型在中国美术馆展出，受到好评。1999年，在北京香山举办个人作品展。2000年，作品《高南瓜壶》被无锡博物馆收藏。2002年，完成《韵玉壶》《石桃壶》《双情雅竹壶》等作品创作。2003年，作品《源远流长壶》在第一届中国陶瓷艺术展中获奖。2005年，作品《春竹壶》收入《陶娃学紫砂》五年级教材；同年，向丁蜀实验小学捐赠作品《赐圆壶》。2006年，作品《大南瓜壶》由中南海紫光阁收藏；制作的韩美林设计壶型《碗韵壶》被宜兴市陶都中学、画溪中学编入实验教材。2007 年，作品《流水壶》入选陶都宜兴中外陶艺展。2008 年，完成《满天星壶》《梨式壶》创作。2009 年 5 月创作的《石竹壶》由中国宜兴紫砂博物馆收藏。

邹玉芳紫砂技艺全面，作品有光货、花货、抽象形体、筋纹器等类型。她的创作在立足传统造型的基础上，将自然美的形态融入壶艺之中。《三友如意壶》《芝玉壶》《圣桃壶》《五头瓜趣壶》《石竹壶》等作品都是来自生活的感悟，于细微处见精神。她的传统类壶型的创作《龙凤呈祥壶》《源远流长壶》《瓦当玉洁壶》《韵玉壶》等作品，采用彩泥镶嵌和青铜器纹理装饰，大气典雅。她的现代风格的作品主要有《山水壶》《晨鸣壶》《十二生肖壶》等，造型简练，端秀雅致。邹玉芳在汪寅仙身边不仅学到了精湛的紫砂技艺，同时也学到了"做壶先做人"的处世原则，为人低调，同时也特别厚道。（图 3-29）

图 3-29　环竹壶，邹玉芳作品

吴亚亦

吴亚亦，高级工艺美术师，2016 年为江苏省工艺美术大师、陶艺大师，江苏省工艺美术学会会员，宜兴市陶瓷行业协会会员，宜兴紫砂行业协会会员。1954 年生于江苏宜兴。1971 年进入宜兴紫砂工艺厂，跟随高丽君学艺。1976 年学艺满师后带班培训学徒工。1976 年，在徐秀棠雕塑车间带徒从事紫砂餐具与雕塑作品制作。1984 年进入紫砂研究所，拜汪寅仙为师学习紫砂创作设计。在汪寅仙的指导下，技艺逐渐成熟。（图 3-30）

吴亚亦的壶艺作品将现代雕塑手法与传统工艺相结合，制作精细，纹饰优雅，独具韵味。1987 年，作品《印包壶》被中南海紫光阁收藏。1988 年，制作完成韩美林设计的《浪花壶》。1988 年，作品《青凤印纹壶》获"第 22 届全国旅游产品"优秀奖。1989 年，进入中央工艺美术学院陶瓷美术系进修，在创作思路上有了进一步提高；同年，作品《神灵玉鼎壶》获"江苏省第二届轻工美术设计"一等奖；作品《蝠在眼前熏香炉》获得"江苏省陶瓷公司四新产品"三等奖，收录于《宜兴紫砂辞典》。2003 年，作品《文房四宝壶》获得"中国第五届博览会"金奖。2006 年，作品《五头居竹提梁壶》获得"中国吴文化节"金奖；同年，作品《牛盖提梁壶》被中南海紫光阁收

图 3-30　吴亚亦

藏。2008 年，陪同师傅汪寅仙参加"中国非物质文化遗产传承技艺展演"；同年，作品《源远流长壶》被南京博物院收藏；作品《开心果》获得"中国第十届博览会"金奖。2009 年 2 月，陪同汪寅仙参加"中国非物质文化遗产传统技艺大展"；同年 6 月，参加宜兴市人民政府在中国美术馆举办的"陶都风——中国宜兴陶瓷艺术展"系列活动。（图 3-31）

吴亚亦在创作新壶型的同时，也擅长制作《牛盖石瓢壶》《井栏壶》《大彬提梁壶》《旭茂提梁壶》《掇球壶》《印包壶》《牛盖莲子壶》等传统经典壶型。

吴亚亦还曾在《东南文化》《中国紫砂文化与艺术》《艺术市场》《江苏陶瓷》等刊物发表了《从早期紫砂器谈紫砂壶的演变》《紫砂史上两大人才硅谷对紫砂发展的影响和启迪》《明代良陶·壶中千秋——赏时大彬的造壶艺术》《雕塑技艺在紫砂壶中的运用和把握》《浅谈紫砂壶艺》等论文。

多年来，她还致力培养一批又一批的紫砂新人，并积极参加国内外的紫砂展演活动。

图 3-31 五头居竹提梁壶，吴亚亦作品

魏志云

魏志云，工艺美术师，中国工艺美术学会陶瓷专委会会员。1957年生，江苏宜兴人。1975年高中毕业后进入宜兴紫砂工艺厂跟随高丽君、吴亚亦学艺。1980年，被选入紫砂研究室特艺班，由顾景舟、徐汉棠、汪寅仙等负责辅导。1985年，拜汪寅仙为师，在紫砂花货方面有了进一步的提高。1988年，在中央工艺美术学院陶瓷美术系进修陶瓷造型设计，理论修养及工艺技法得到提升。在紫砂研究室特艺班中，魏志云的学习成绩比较出色，由于她心灵手巧，作品经常受到外商好评。（图3-32）

图3-32　魏志云

魏志云在继承传统的基础上不断追求构思的变化和形制的典雅，突出"精、细、巧"的制作风格。在花货方面，追求写实的艺术效果，力求表现出作品自然质朴的美感及趣味。她的代表作品有《象吉壶》《出野情趣套壶》《情趣南瓜壶》《松竹梅壶》《争艳壶》《牛盖石莲壶》《忆·1999壶》《玉乳壶》等花货及光货品种，撰写有《漫谈紫砂艺术制造与创作》《紫砂塑器——花货创作漫谈》等论文。魏志云在创作壶艺精品的同时，也从事艺徒培训工作，为紫砂行业培养合格人才。（图3-33）

图3-33　情趣南瓜壶，魏志云作品

梅宝玉

梅宝玉，2016 年为高级工艺美术师，江苏省陶瓷协会会员，中国工艺美术大师汪寅仙工作室创作人员。1960 年生于江苏宜兴陶瓷世家，1980 年进宜兴紫砂工艺厂，师从许成权。1983 年，经考核进入紫砂研究所工作，跟随徐汉棠学习全手工紫砂技法，其间得到顾景舟指导。1985 年，拜汪寅仙为师，全面学习紫砂花货技艺。1988 年进入中央工艺美术学院进修，学习陶瓷设计理论。1997 年，入编《中外名人辞典》。（图 3-34）

图 3-34　梅宝玉

1993 年，作品《母女情壶》获得"中国上海国际艺术节"金奖。1998 年，作品《逍遥对壶》获得"北京全国工艺美术展览会"金奖。2003 年，作品《供春套壶》被无锡市博物馆收藏。2006 年，作品《清风壶》获得秦皇岛"中国紫砂作品展览会"银奖；同年，作品《供春原型壶》被宜兴市陶瓷博物馆收藏。2007 年，作品《汉铎壶》获得"东方工艺美术之都博览会"金奖。2008 年，作品《寿星拱寿》获得"山东国际茶文化博览会"金奖。2008 年 8 月与次年 2 月，两次跟随师傅汪寅仙参加"中国非物质文化遗产传承技艺展演"。（图 3-35）

图 3-35　母子情壶，梅宝玉作品

丁洪顺

丁洪顺，高级工艺美术师，2016年为江苏省工艺美术名人，江苏省工艺美术学会会员（图3-36）。1955年生于江苏宜兴，1973年进入宜兴紫砂工艺厂跟随高洪英、束凤英学艺，1976年6月随许成权当带班小老师。1978年随束凤英带班。1980~1985年相继当过两个班的带班老师。1982年，作品《顺竹壶》《天泉壶》获"全国陶瓷美术设计评比"二等奖。1985年到南京艺术学院进修。1986年进入紫砂研究所工作，拜汪寅仙为师。1987年，与师傅合制作品《金沙僧》被中南海紫光阁收藏。1988年在中

图3-36　丁洪顺

央工艺美术学院进修，学期两年。1995年，作品《盔甲壶》《孔明壶》分别获"宜兴市第一届紫砂陶艺评比"三等奖和二等奖。1999年，作品《千禧壶澳归》获得"中国国家级工艺美术大师精品展"中国工艺美术优秀奖。2000年，作品《三阳开泰壶》被中南海紫光阁收藏；同年，作品《碧玉金竹》被无锡市博物馆收藏。（图3-37）

丁洪顺的作品以光素器见长，作品方中寓圆，线条流畅，造型饱满，曾被中央工艺美术学院张守智教授评为"质朴无华有大家风范"。他的方器、圆器、筋纹器等作品，各具特色，品位高雅，迎合了茶艺文化的需求。

丁洪顺创作思路广阔，常有新的佳作问世，平时能勤奋研习，制作功底扎实，多年来为培养紫砂新人而努力工作。

图3-37　早春二月，丁洪顺作品

刘建军

刘建军，字小军，号壶圣、逸人、壶野，中国工艺美术协会高级工艺美术师。1965 年生于丁蜀镇陶艺世家。1981 年考入宜兴紫砂工艺厂跟随高丽君、季益顺学艺，练就了扎实的基本功。1983 年下乡带班 3 个月，培训青工。1985 年进入紫砂研究所工作，1986 年 3 月拜汪寅仙为师，对紫砂艺术之美有了更为深刻的认识。1991 年任宜兴紫砂工艺五厂辅导老师。1991 年 11 月任职紫砂工艺厂技术科。1993 年进入中央工艺美术学院学习深造，在陶瓷设计理论方面的能力得到提高。1996 年担任紫砂工艺厂制壶一车间总辅导。2002 年，作品《玉兰壶》获得"中国工艺美术大师精品展"铜奖。（图 3-38）

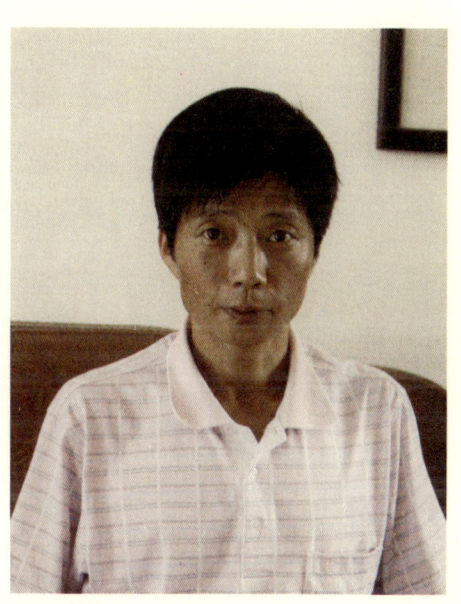

图 3-38　刘建军

刘建军花货与光货兼擅，代表作品有《千禧竹壶》《祥和壶》《智足壶》《瓢型提梁壶》《一节竹段壶》《紫金砣壶》《秦权壶》等，光货圆润饱满，花货生动细腻。（图 3-39）

图 3-39　千禧竹壶，刘建军作品

王铭东

　　王铭东，工艺美术师，中国民间文艺家协会会员，江苏宜兴方圆集团方圆之韵技术总监（图3-40）。1966年生于陶都宜兴，1983年进入宜兴紫砂工艺厂跟随江建翔学艺3年，其间得到吕尧臣和吴群祥指导。1986年，进入紫砂研究所，拜汪寅仙为师，系统学习紫砂成型技法。1992年，创立"随缘居紫砂器工作室"。1993年6月，参加"上海紫砂精品展"。2003年，作品《待壶》获得"成都旅游工艺品博览会"金奖。2004年，受邀赴马来西亚举办个人作品巡回展。2006年，作品《乘雷壶》荣获"太湖博览会"金奖；同年，在《江苏陶瓷》发表论文《紫砂壶价值之我见》；作品《瓜蔓》被少林寺和无锡市博物馆收藏。2007年作品《蛋包》《听雪》获"天津民博会"金奖。2009年，与北京大学教授赵为民合作的《大用井栏壶》《意绪壶》被中国国家博物馆收藏。王铭东的光货作品力求表现器皿的线条张力的流畅之感，壶型饱满；花货作品追求藤蔓自然，枝叶舒展飘逸之感。（图3-41）

▲ 图3-40　王铭东

▲ 图3-41　双线竹鼓壶，王铭东作品

何敏

何敏，高级工艺美术师。1967 年生于陶都宜兴，1983 年进入宜兴紫砂工艺厂跟随江建翔学艺。经过 3 年的系统学习，何敏于 1986 年考入紫砂研究所，拜汪寅仙为师，专攻紫砂光货、花货制作与创作。在汪寅仙的熏陶下，何敏的作品吸取传统技法的精髓，光货作品追求线条简洁明快，花货作品力求表现自然万物的生命之美，实用与美感并重，给人一种清新典雅之感。（图 3-42～图 3-44）

图 3-42 何敏

图 3-43 梅桩，何敏作品

图 3-44 丰收，何敏作品

汪寅仙1998年后收徒信息（图3-45）

收徒年份	姓名	个人信息
1998年	王志刚	工艺美术师，2016年被评为江苏省工艺美术名人
2010年	郁 晴	2016年被评为工艺美术师
2013年	徐海林	2013年被评为助理工艺美术师
2013年	丁伯君	民间紫砂陶艺家
2014年	范培君	助理工艺美术师
2015年	陈忠庆	2016年被评为高级工艺美术师
2017年	姚嘉慧	汪寅仙的孙女，2016年大学毕业，后正式拜汪寅仙为师学习紫砂技艺。汪寅仙对其以"研究生"的高标准严格要求

图3-45　前排右为姚嘉慧，中为汪寅仙，左为郁晴。后排，右一陈忠庆，右二徐海林，左一王志刚，左二范培君

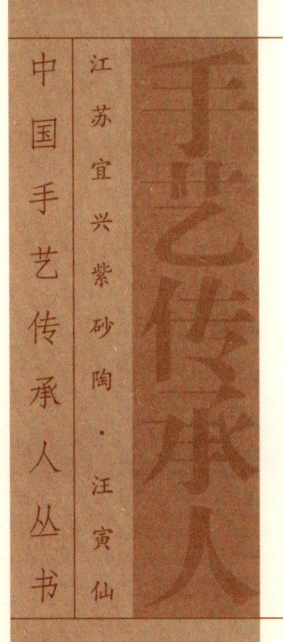

第四章

汪寅仙论紫砂艺术

宜兴紫砂陶艺经过历代文人墨客与紫砂名家的努力，与茶道、花道、书画、金石相融合，从日常器用升华出美学意境，成为我国优秀传统工艺美术的代表。汪寅仙在从艺过程中，不仅精研壶艺，还撰写了《紫砂壶之美》《紫砂花货的艺术魅力》《试论紫砂陶艺的气势与气韵》等多篇论文，从壶艺家的视角记录紫砂创作体悟，解读历史经典名作，深入阐释了紫砂艺术的工艺之美与精神内涵。

｜第一节｜论紫砂壶之美①

宜兴陶都，盛产紫砂陶，驰名全世界。紫砂陶是中国陶瓷中的一朵奇葩，它的起源和发展有着深厚的文化背景。宜兴在中国太湖流域，有山、有水、有茶、有得天独厚的紫砂土，人杰地灵，先辈们创造的紫砂陶代代相传。经人们的使用考验，选择"茶壶以砂为上"，紫砂壶被称为"世间茶具称为首"，紫砂陶被人称颂为"人间珠玉安足取，岂如阳羡溪头一丸土"。

宜兴这块宝地造就了一代又一代的制壶高手，名工巧匠。在历代艺人的精心耕耘下，茶壶造型成千上万，并不断出新，为紫砂技艺积累了宝贵经验，使后人得益匪浅。宜兴紫砂壶具有五大美，即材质美、造型美、工艺美、装饰美、功能美。

材质美：紫砂的材质美，主要是源于宜兴储藏着得天独厚的紫砂土。紫砂泥有三种基本原料：紫泥、红泥、本山绿泥，它们统称为紫砂泥，都产于江苏宜兴丁蜀地区，这三种泥是岩中泥、泥中泥。它们通过开采、挑选、粉碎、过筛、陈腐等加工过程，即成为可塑性很好的紫砂泥。这三种泥可以单独使用，也可以两种或三种自行调配使用，产生出多种泥色。经过不同温度烧制，色泽更为丰富，分别呈现天青、栗、深紫、梨皮、朱砂紫、海棠红、青灰、墨绿、黛黑等色，故有紫而不姹，红而不嫣、

---

① 汪寅仙稿，本文原题为《紫砂壶之美》，刊载于《江苏陶瓷》，2007 年第 2 期。

黄而不娇、绿而不嫩、黑而不墨、灰而不暗的高雅色调。在其表面的色泽好比是染在毛纺织品上的颜色，蕴纯而沉稳，古朴而雅致，呈现出似呢子毛料的厚重质感。在各种泥色里又有银星点点，时隐时现，在阳光映射下更为夺目，这是紫砂材质特有的肌理美。紫砂壶内外不必施釉，素心素面，壶的表面越用越光，也有越用越新的感觉，用久后，发现亚光效果，似古玉生辉。

紫砂陶土虽属砂性，但具有相当的黏性，可塑性强，能让你自由捏塑、拍打、镶接，任意地刻画和加工，能充分地表达作者的理念和追求，做出素心素面的光货、阳刚之美的方货，以及端庄秀丽的筋瓢货等各色壶艺造型。

紫砂壶冷热急变性好，用紫砂壶泡茶，不会产生任何化学反应，不失原味，使茶的色、香、味皆蕴。

造型美：紫砂壶的造型艺术，堪称世界之最，它的形式多样，风格各异，千姿百态。历来，人们把它们归纳为四大类型，即俗称的光货、花货、方货、筋瓢货等。

光货主要形式，以圆器及几何形为主，素心素面的外轮廓是用大小弧线或正反弧线组合，并进行自体伸缩变化达到多种多样的有节奏的生动形象。简练的壶型，有直接运用典型的抛物线、大弧线、小弧线、曲线、双曲线、直线、椭圆线或反复组合运用构成壶的造型，突出这类壶型简约的轮廓美和形式美。（图4-1）

花货包括多种形式，有将大自然中的有机生态塑成造型，如松、竹、柏、桃，各种花卉、蔬果、瓜类、鱼、虫等动植物中的自然美生态，通过艺术加工、变化、提炼塑成壶型；或在光润的壶体上进行捏塑堆贴图案，缠攀花枝，将自然界中的生态美以写生的手法浓缩到壶体的局部；还有是沿用青铜器、玉雕等纹样装饰壶嘴、壶鋬、盖钮或壶身的局部；花货有的完全像真的，如蔬果、荷花、莲藕、牡丹、鱼、虫等仿真形象，它的特点不仅形象逼真，而且泥色也力求鲜活，这类形式的花货占有一定的比例，花货内容范围广泛，可算是紫砂壶中的大类。花货的特点是自然之美，天然妙趣，鬼斧神工。（图4-2）

方货有四方、八方、长方、三角形以及四方、六方、八方的相互运用，等边形式相结合的，同时有高矮搭配等变化，另外，还有方圆角、侧角、抽角等多种形式，方货具有阳刚之气，正方之美，逗人喜爱。（图4-3）

筋瓢货如将它们归纳，有各种花卉变形成图案的壶型，如菊花、菱花、梅花、水仙花等；还有以各种瓜形塑成壶型，它们的外轮廓按花形、瓜形的特征变化来定型；也有以自体伸缩的方法变化成高矮有别，形象生动的壶型；另外，还有的筋纹器是以

图 4-1　珚坊提梁壶，汪寅仙 1982 年创作，1987 年北京中南海紫光阁收藏

　图 4-2　九龙柏壶，汪寅仙 1998 年创作

↑　图4-3　大彬印包壶，汪寅仙1985年为工厂大生产出口样品

曲线形式装饰壶体，像如意纹、鱼化龙的云纹、水波纹等，这些含有生动意境的曲线纹具有均齐、对称、起伏、饱满、秀丽、端庄、挺括之美感。（图4-4）

　　工艺美：紫砂的工艺美是由于紫砂原料的独特性，决定了它的全手工成型方法，主要有打身筒法、泥片镶接法等。打身筒法，先打泥片、泥条，把泥条围成圈拍打而成，圆形、椭圆形的壶都以这种方法成型。方器主要是打好泥片，用样板裁好后的泥片镶接成型。壶的底足、口颈都是另加的，壶嘴、壶鋬、滴手一般是捏塑、加工、切削成型后，按接在壶身上，这是成型的基本法则。如何能做好，这必须掌握泥性，在制作过程中，把加减法把握准，多一点则多，少一点则少，全凭作者的艺术眼光和素养，这是其一。其二，一件好的作品，能看出艺人的基本功力和用功的独到之处，紫砂技艺靠的是千锤百炼，行内有句俗话说"做得起来不算本事，要拿得准才算本事"。顾景舟大师生前曾做过多种优秀传统造型，如《仿古壶》《合欢壶》《石瓢壶》等，他的作品线条比传统的更完美，敦庞周正、挺括秀气，给人一种赏心悦目的感觉。

▲ 图4-4　南瓜壶，汪寅仙创制

　　紫砂壶光货敦庞周正，骨肉停匀，口盖严紧，线条挺括、秀丽、端庄；花货不仅要含有光货的严准，还要树桩、痈节、花枝缠攀生动自然、清秀；方货不仅显阳刚之气，而且含有骨肉之感；筋纹器的凹凸轮廓线匀齐、平衡，对比强力。只有掌握了紫砂工艺的制作技巧，才能表现出作品的玉立亭亭、锋芒毕露、潇洒飘逸、栩栩如生的工艺效果。

　　装饰美：紫砂壶的装饰方法有陶刻、镶嵌、彩釉、泥绘、绞泥、印纹、捏塑、堆贴等，过去还有髹漆。首先是书法、绘画，以刀代笔在壶体上篆刻各种字体书法，绘画有山水、花鸟、古代的纹饰及各类图案。刀法有单刀直入、双刀起底、啄沙地等专门法则。历史上突出的代表人物如清道光年间的陈曼生等人，他们既设计壶，又吟诗作词，并在壶体上操刀篆刻，刀法遒劲，金石书法，在壶体上相得益彰。从此"字随壶传，壶随字贵"遂影响了后人。镶嵌工艺，早在历史上是用玉作局部镶嵌，现在就更丰富了，金银镶嵌大部分采用古代图案装饰，再套色泥，显出镶嵌的工艺美。现在还有另类装饰是用色泥镶嵌，集古代图案纹样和现代的适合纹样用色泥镶嵌呈对比色，这是一种创新，有新鲜感。泥绘装饰有一点立体效果，有一种古朴淡雅之美。紫砂绞泥，古代即有之，是用绞泥镶嵌在器型表面做装饰，而发展到现在形式多样，有高山流水、旷野沙漠、崎岖山路及象形花叶、奇石纹筋等，色彩纷呈，耐人寻味。彩釉装饰，清代后期比较盛行，有满彩、点彩、珐琅彩；在封建王朝还时兴过髹漆和雕漆，这些都是集中国工艺美术之大成的特艺装饰，华丽富贵，工艺性及装饰性都很强，说明我们中华民族历史上文化艺术底蕴深厚，但用在紫砂壶上并不可取，这样大面积在紫砂壶上装饰会破坏壶体的透气性，影响泡茶质量，故这类艺术只能作装饰品。印纹、捏塑、堆贴这类装饰完全体现手工工艺技巧及手工的韵味。

功能美：紫砂是耐高温烧结陶土，经过1200℃左右的高温烧成，经物理化学性能测定，质坚抗压，内壁呈双重气孔。它好比是钢筋混凝土里的结构，里面有层层气孔，不渗水，既透气又保温。紫砂属中性陶瓷，特别利于泡茶，"注茶越宿，暑月不馊"，茶汤不易起腻苔，又容易清洗。如果用一把好壶，在掌握茶性和水温适度的情况下，一定能泡出聚香含淑的好茶。紫砂壶泡茶，不仅醇郁芳香口感好，而且能使茶叶中含有的多种营养元素得到充分的发挥。紫砂壶泡茶抚摸不炙手，触觉舒服，可以健身，心手相连，心通全身，舒筋活血，这些是其他茶具无法替代的功能美。

紫砂陶不仅具有独特的功能效用，更具有欣赏收藏价值。紫砂全手工制作技艺列入非物质文化遗产保护名录。宜兴紫砂，不仅是中国的，而且是世界的。

|第二节|论紫砂花货艺术的魅力^①

　　生活在大自然的人类，对自然界中的一切物体具有特别的亲切感，因此艺术家们常常把自然形体经过艺术加工设计成各种器皿和装饰，来丰富人们的生活，这是非常优美的恰当应用，而利用得天独厚的紫砂原料所制作的紫砂陶，更反映出人们的意念与大自然美的结合。

　　宜兴紫砂陶早期的残器中就发现有很多仿生形象的作品，如以狮、虎、羊头、龙兽之类的捏塑作为壶的嘴、把、钮等附件或装饰。到了明清时期，紫砂花货的发展进入鼎盛阶段。历史记载的第一件紫砂作品就是花货——《供春壶》。它的原型来自大自然，是将银杏树干的瘿节捏塑成壶型。整个形体质朴完美，壶的嘴把宛若生成，壶体表面七凹八凸呈树皮纹理，并留着清晰的指纹，生动别致，显示了最原始的手工制作的韵味，因此，前人早就称之为"脱尽人巧殊众工，神工鬼斧难雷同"的艺术珍品。这把壶也完全符合现代工艺美术的设计理念，是仿生思维的典型作品。《供春壶》的问世，在紫砂花货的发展史上做了良好的开端，开辟了花货造型艺术道路的先河。（图4-5）

　　明代供春壶之后，被称为"壶家三大妙手"之一的时大彬在紫砂陶历史上有着杰出的成就，他在紫砂造型的设计、制作技艺的演进和泥料配制等方面都有相当大的贡献。他的作品形式多样、古朴优雅、比例恰当、制作工整，温润内涵兼而有之。他的《小印包壶》为一枚方印，用布包扎，富有当时的时代气息，形体敦庞挺括，布纹褶痕，既非写实，却有布的质感，风流高雅，雅而不俗，壶盖设计成一个结，从正面看是克盖，从嘴、把两侧看是嵌截盖，准缝面合特有趣味。壶嘴、壶把呈方形圆角与整体协调，骨肉停匀，形制和法度、功力独到，韵致宜人，是件端庄完美的紫砂艺术珍品。

　　清代早期的陈鸣远，是宜兴紫砂史上一位杰出的花货大家，他的技艺精湛，又

① 史俊棠，黄馨仪.陶都风·宝岛情——宜兴紫砂艺术台北展画册[M].台北：盈记唐人工艺出版社，2013.

图 4-5 供春壶，汪寅仙 1979 年仿制

以极富创新精神而著名，对紫砂的发展起到很大的作用。他的艺术风格独树一帜，并不断推动紫砂花货艺术的发展。他的《弯鋬梅桩壶》，形象生动别致，壶身具有冰肌铁骨之势，壶嘴、壶把气势横生，花枝疏影横斜，富有傲霜斗雪的精神气质，制作用功，精细入微，风流高雅，高度体现了他的设计水准和高超的制作技艺。他的又一代表作《束柴三友壶》，见壶即见境，触景生情，引人入胜，生活气息浓郁，格调高雅，那是源自生活，又高于生活的紫砂艺术品。作品的每一根松竹梅干姿态各异，粗细有别，叶、果惟妙惟肖，壶身中间起一道竹箍，突出了壶的主题"束柴"，吸引着人们的眼球，树干中心的干裂残痕出神入化，构思之脱俗，技巧之娴熟，完全是一件超现实的雕塑性造型。他的作品题材广泛，技艺卓绝，如茄子、青瓜、葫芦、莲蓬水注，梅枝、玉簪花、豆花等笔架，梧桐伏蝉盘等文人雅士案头清供之珍玩。他的作品非常讲究形神气韵，是精气神的有机结合与统一。他还吸收青铜器、玉器等形制，如爵、簋、鼎、罍、钫、觯、洗、走兽等器皿，无一不精，古朴端庄，纹饰清晰，制作

工整，美妙绝伦。他的紫砂花货形式之多，不胜枚举，古人早就称颂"宫中艳说大彬壶，海外竞求鸣远碟"的赞语。他的艺术生活和成就，有时大彬、李仲芳、徐友泉等紫砂前辈们的作品对他的影响和启发，他是一个承前启后的开拓者，对紫砂的发展贡献巨大。

《项圣思桃杯》作者究竟何姓，还有待考证。据记载该桃杯是明末清初时期的紫砂杰作，现珍藏在南京博物院，为国家一级文物。它的形象十分完美，构思巧绝，以苍劲的桃干为把手，生动挺秀，桃叶和枝蔓为基座，结构纤密，并以半截桃形构成杯体，雕塑与造型融为一体，玲珑剔透。整个杯体上虽有大小老嫩14片桃叶，但形态各异，婀娜多姿，布局合理，富有画意，它的枝蔓和叶面显示了阳光雨露的生机，树干蛀孔自然，生动地表现了生活中的残缺美，树干的苍劲，老发孤芳，新枝茁壮，花枝叶盛，果实累累。在杯体上设有这么多桃干枝蔓，桃叶和花果，疏密有致，疏可走马，密不通风，叶脉纹理清晰，用功独到，技艺卓绝，真好比一幅动人的工笔画的展现，百看不厌，爱不释手，在古今陶艺技巧中叹为观止，可以说是紫砂陶艺之瑰宝。（图4-6）

图4-6 项圣思桃杯，汪寅仙仿制

　　明清时期正是紫砂发展的鼎盛时期。因此，人才辈出，紫砂花货精品不断涌现。从许多传器和史料中看到的有陈子畦、陈仲美、陈汉文、沈子澈、许龙文、杨彭年、杨凤年、邵大亨、黄玉麟等名手，他们所制的壶、盆、瓶、鼎、文房、花果及奇异珍玩，各擅所长，反映着诸家艺术风格和特色。

　　民国至当代杰出的花货大师也不少，有范鼎甫、蒋彦亭、冯桂林、吴云根、裴石民、朱可心、蒋蓉等，他们都有各自的佳作存世。如范鼎甫的《鹰》，在1935年英国伦敦国际艺术博览会荣获金奖。另外，还有一只高64厘米的《大梅桩》观赏瓶，气韵生动，挺拔的梅树段，气度非凡，设计构思之大胆实属罕见，把梅的精神气质表现得淋漓尽致，美轮美奂，具有震撼力，吸引着人们的目光，是件大雅之器，现在是杭州华夏紫砂博物馆的镇馆之宝。冯桂林前辈也是一位花货巨匠，他的《上合梅壶》《合桃壶》《梅段茶具》《五竹壶》等形式优美、捏塑技艺高超，极具观赏性和实用性。他的许多作品成为宜兴紫砂史上的经典之作。七大老艺人之一的吴云根，他的花货艺术以竹见长，他的《上竹段茶具》珍藏在南京博物院，他的《方竹梁壶》也非常出色，也成为紫砂传统壶艺中的经典。裴石民先生的花货作品，特具个人风格，在他的文玩中有蔬果、螃蟹、田螺、春蚕、笋、龟、龙、虎、瓶、盆等，都属文人案头的把玩之物，题材广泛，做工精致，趣味盎然，令人爱不释手。他的《南瓜壶》《五蝠蟠桃壶》《蜜蜂荷花壶》《松段壶》等自然巧置，浑朴端庄，不拘一格，风格高雅。

　　20世纪20年代中期，裴石民曾为《项圣思桃杯》配托盘，故有"陈鸣远第二"之称，足以见证他的紫砂花货艺术在当时的地位。朱可心先生的紫砂花货具有相当高的艺术造诣和声望，1932年他创作的《云龙鼎》，有二尺七八寸高，在美国芝加哥博览会上荣获特级优奖。20世纪30年代，他在江苏省陶校任技师，20世纪四五十年代后期，他创作的《竹段壶》《云龙壶》《万寿壶》《报春壶》系列，都成为紫砂花货的经典之作。他的花货创作题材都来自大自然，将大自然中的美通过提炼、浓缩融于他的壶艺之中，成为高于生活的艺术品，富含美学思想及丰富的艺术语言。蒋蓉大师的花货是像生形的仿生造型，她的作品具有女性细腻的特点，她善配紫砂五色土，制作的《牡丹荷花壶》《荷叶壶》《白藕酒具》《佛手壶》等非常逼真，色彩艳丽，好比工笔画的再现，是紫砂花货塑自然的代表人物。

　　紫砂花货不仅有自然形，有几何形体上加堆塑，将花草、鱼虫、飞禽走兽模拟自然界的神态进行现实或超现实的变化，还有像生形的，完全是仿生形。同时，还有吸收和沿用古代的青铜、玉器、漆器、木雕及日常生活中的器具。总之，紫砂花货造型及装饰丰富多彩，形式多样，内容广泛，变化无穷，千姿百态。纵览紫砂历史名人，他们的作品风格各异，争奇斗艳，为紫砂花货的发展打下了坚实的基础。

紫砂陶尤其是紫砂花货艺术的发展，与宜兴储藏着得天独厚的紫砂原料和历代紫砂艺人所创造的宝贵经验，以及历史留给后人的优秀作品分不开。创作一件完美的紫砂花货，必须有完美的构思，选用合适的泥料，具有高超的制作技艺，以及对泥性与窑烧技术的掌握，这是一个紫砂陶艺工作者必须具备的常识，且缺一不可。

师法造化，自然界中有着取之不尽、用之不竭的创作源泉，与紫砂花货创作更为密切。它是将自然界中物体的形态通过去粗取精，并进行艺术上的加工提炼，成为高于生活的艺术品来丰富人们的精神文化生活，因此，在创作过程中必须注意艺术上的变化与统一，气势上的生动与协调，效果上的实用与美观。所以，在创作构思时，首先从形式、精神、气势、姿态、韵律、制作等总体上追求效果。如设计以竹为题材的作品，首先要考虑它的表现形式，是圆竹，还是方竹或佛肚竹，必须抓住它的形象特征和生长规律，将其变化成壶的造型，表现竹的清秀气质，富有挺拔的形式美，然后，嘴、把、滴的处理既要生动自然，又要匀称平衡，与壶体协调一致，不落俗套，可将竹叶的潇洒飘逸用紫砂独有的琢挡手法点缀在壶主视线面上，把自然的景象更加集中地描绘在壶艺之中，增强情趣和魅力。古今文人对梅的称颂也比较多，它具有坚贞不屈的高清品质，在严霜中更见它的艳丽多姿、傲霜斗雪的精神气质。而紫砂花货艺术可将古老的树桩捏塑成壶、盆、瓶等多类器皿造型，巧妙地运用捏塑雕琢、堆贴等紫砂花货技法，把梅的千姿百态、疏影横斜表达得如诗如画。松、柏也是书画艺术家喜欢描绘的景物，其寓意吉祥，与壶艺造型结合更吻合。因此，紫砂花货造型及装饰经常表现松柏的苍劲、古朴、刚毅、挺拔，叶枝纷攀，绚丽多姿，瘿结为鳞，逗人喜爱，这些都是用紫砂琢挡技法来表现，使千奇万状信手出。紫砂花货是紫砂壶艺装饰与实用功能的完美结合。（图 4-7）

紫砂花货源于生活，高于生活，它将大自然中的美注入紫砂陶艺造型装饰之中，并浓缩地展现在人们的眼前，使观者身临其境，心旷神怡。紫砂前辈在代代的传承中为后人打下了坚实的基础，后来者应学习前辈的艺术精髓，为宜兴紫砂的传承与发展、创新与提升尽心尽力。

图 4-7　大黑松，汪寅仙 1994 年创制

| 第三节 | 论紫砂陶艺的气势与气韵[①]

　　我从事紫砂陶艺已近 40 年，得益于前人的恩泽、老师的栽培与同仁的指教鼓励，加上自己的追求，达到今天的成就，感慨万千。有幸与台湾同好作交流，当然还是谈谈耕耘于陶艺的追求及心得。这些年来，我在作品中刻意追求的是气势与气韵。或许这种气势与气韵只能意会，难以言表，但我愿意在这里试图将我的一些肤浅的理解与平时读壶、制壶的体会表述出来。

　　所谓气势，就是透溢着美感与力度的壶的外在结构或布局。所谓气韵，就是蕴含于特定形式之中制壶的内在的意境或韵味。气势以气韵为内涵，气韵以气势为外显。单一的气势仅止于显现美感与力度，注入气韵方显深邃意境和艺术生命力；而气韵非载体无以载道。气势加气韵，应是紫砂陶艺至善至美的境界。

　　气势与气韵，不是一种客观的存在而已，而恰恰是作者主观上的追求和表现。一把普通茶壶，一手握之，何以谈气势与气韵?《天地方圆》杂志第七期的《编者的话》一文中这样寄语紫砂工艺家："你们的心中装着天地方圆，你们的手丁簸着日月星辰，你们将塑出星汉灿烂，你们将再造一代辉煌！"这不仅是比喻，而恰恰是高度的概括；这不仅是赞美，而恰恰是中肯的勉励。让我们循着这个方向去探索紫砂陶艺的气势与气韵，我们可以走得很高、走得很远。

一、心揣手摹，形神兼备，全面继承前人成果

　　综观前人作品，凡佳作精品者，必气势气韵兼具，让人玩味不止。譬如《项圣思桃杯》，半桃成型，桃嘴做流，桃梗为把，叶蔓做基；整个杯体上 14 片桃叶，大小老嫩，形态各异。桃梗、枝蔓、桃叶、花果，错落有致，繁而不乱；布局之精巧，纤密处密不透风，扶疏处疏可走马。树干的苍劲老练，枝叶的茂盛生气，风发飘拂，婀娜多姿。小桃团团新嫩，叶脉纹理毕现，仿佛天趣自成，全无可以造作痕迹。杯壁平

① 汪寅仙稿，原题为《试论紫砂陶艺的气势与气韵》，刊载于台湾天地方圆杂志社 1995 年出版的《壶谱》一书。

整明润，整体玲珑剔透，形象十分完美。杯口外沿刻诗句"阆苑花前是醉乡，拈翻王母九霞殇"作点题，意蕴悠悠，耐人寻味。可谓气势气韵俱到，是为传世杰作。又如陈鸣远的《弯錾梅桩壶》，生动别致的形象，塑就冰肌铁骨之势，尤以嘴錾之气势横生，力透傲霜斗雪的精神气质，敦朴高雅，韵致宜人。

气势与气韵，前人所及而得以传世者举不胜举。故而，如何在作品中追求气势与气韵，最基本的方法之一，我认为就是要反复揣摩前人的精品，临摹前人的精品；反过来说，我们继承前人的成果，抑或是仿制前人的作品，从形似到神似，关键要抓住和表现作品的气势与气韵。

有言道，熟读唐诗三百首，不会作诗也会吟。读壶千遍，凝思默想，也能潜移默化地丰富你的才思，激发你的灵感。但是，读百遍又不如做一遍，认认真真去仿制、去临摹一件精品，去体验揣摩前人造境时的灵动才思和运筹帷幄，其得益更是享用不尽。

20世纪30年代，顾景舟大师曾应上海古董商之聘，在上海仿制历代紫砂名作，得以接触和揣摩许多明清传世精品，由此，在艺术素养和鉴赏能力上有很大的充实和提高。顾大师曾就仿制邵大亨"掇壶"而作如是说："首先做到形似，其次做到神似，最后有突破形成自己的特色风格。经仿制邵大亨的作品，壶艺水平产生了飞跃。"（顾景舟《壶艺的形神气》）又《宜兴县志》有文说邵大亨"善于仿古，每博览前人名作辄心揣手摹，得者珍于拱璧，其佳处，力追古人，有过之而无不及也"。由此，邵大亨成为紫砂壶艺术上的杰出代表，"清嘉、道以后百五十余年中，无有超越他之上者"。前人如此，后人当有所悟。（图4-8）

我曾随朱可心老师仿制《项圣思桃杯》。面对国宝真品，目睹朱老仿制桃杯4个多月的全过程，自己又潜心临摹，心慕神追，从中获得了许多东西。正是得益于《项圣思桃杯》的启示，我创作了《葡萄杯》，并成为我这几十年的代表作之一。又得益于仿制《项圣思桃杯》时对气势与气韵的揣摩、把握与追随，在此后本人所创作《五代同堂》《桃圣壶》《仙桃提梁壶》时顿觉"比例劲峻，心手相应"；且于内在、于外显都注入了不少心意，使繁复绮丽的线条更润美，气势更准确，气韵更饱满。

总之，全面继承前人成果，当从气势与气韵上把握；在作品中追求气势与气韵，当以继承前人成果为基础。

图4-8 仙桃提梁壶,1990年

二、新的形象，新的立意，努力创立自己风格

追求气势与气韵，仅局限于对传统的追随未免狭隘自封，要有新的形象，新的立意，努力创立属于自己而不同于前人与别人的气势与气韵。

1. 从写实到写意，讲究取舍布局

就花货而言，做得像不是本事，关键要把握住物体的精神内涵与审美趣味，循其内涵之轨迹去构筑和推敲作品外在的结构或布局，通过概括、取舍、夸张等艺术处理，突出其精神，丰富其神韵。譬如朱可心大师的作品，虽是师法造化，从大自然中取材，却非一味地临摹形、色、相，而是经过一番体验与省思，融入感情、精神而重新撷取精华，体现落实于紫砂器具之中。（图 4-9）

这种以表现内涵为目的的取舍布局往往能使作品获得气势气韵俱佳的效果。我在作品《金秋南瓜壶》中取一只红色的七星甲虫布于纹理逼真的瓜藤瓜叶中，看似写实中的信手拈来，却平添艳丽夺目之色彩与浓郁生命气息，作品顿显活力和生气。而在写意作品中，这种取舍布局更显功力，唯有把握住写意对象的精神内涵进行抽象概括，方能流畅、洗练而传神。我在作品《十二件鱼形文具》中用抽象洗练的手法，将鱼的形象概括变化为 12 件文房用具，分别采用银丝镶嵌、填沙、图案、镂空、捏塑、陶刻等手法，以写意的形式，将鱼的各种神态表达得酣畅淋漓、神韵无穷。

无论写实之惟妙惟肖，还是写意之洗练传神，基于表达内涵的取舍布局当是关键。

2. 从具象到抽象，开阔思想空间

相对而言，我更喜欢做光货，简洁的造型，流畅的线条，圆润而朴质的色调，带给人的是一种高雅宁静的享受。更重要的一点是就气势气韵而言，造型越简朴，想象的余地越大，其意境韵味更深远；而作为造壶者，自己发挥的天地更广阔，在继承与发扬、传统与个性上更富于挑战性。

1987 年，我创作《渔翁壶》，蓑帽为壶盖，壶嘴似钓竿，壶体造型圆润浑厚，线条块面简洁得无以除减，韵味却反而有增无减，以简练的造型，传达出故乡江南春意的五光十色。后来，我再以此《渔翁壶》配刘海粟大师的《江南春》画意，杨柳岸边，垂钓渔翁。同样简练的笔墨勾勒，使壶画浑然一体，令人遐想翩翩。是姜子牙渭水钓鱼等文王，还是"孤舟蓑笠翁，独钓寒江雪"？抑或是"烟销日出不见人，欸乃

图 4-9　古簧幽馨壶，汪寅仙 1990 年创制

一声山水绿"？

如果说我的《渔翁壶》仍带有许多传统的成分，带有中国传统绘画的影子，仍属写实或具象的形式，那么我与张守智教授合作的《曲壶》以及自己创作的《神鸟出林壶》则探索一种新路子，完全从具象中抽象出某种特征，加以艺术处理，采用西方现代绘画的表现手法，以流畅的线条表现一种张力、一种涌动、一种节奏、一种韵律，但又不失传统紫砂意蕴。这种抽象的变现手法，我认为能使得陶艺的韵味更丰富，想象的空间更广阔。（图 4-10）

譬如，我与张守智教授合作的《曲壶》，取自蜗牛的有机形态，以抽象的几何形体构成。整个壶体从壶嘴、壶身、壶提到壶盖、壶钮，只用一条源于自然美的涡线贯穿，反映了生物有机形体的结构特征。并通过微微探起的嘴部，使壶体取得平衡的同时，抽象而又传神地再现了蜗牛爬行的生态意象和动感。虚空与实体的对比，线条的流畅，造型的完美，展现了曲线的韵律美，气势独到，又气韵无穷。是生命的负重，生命的轮回，还是忍辱负重，不屈不挠？是轻快的圆舞曲，还是凝重的回旋曲？抽象的造型所造就的意念的不确定性，处处给人提供了遐想的空间，提供了生情之景。所

图 4-10　渔翁壶，汪寅仙 1987 年创制

谓"情哀则景哀，情乐则景乐"（吴乔《围炉诗话》），其内在的意境或韵味是具象作品所无以比拟的。（图4-11）

这种从具象中引申出抽象的造型，以现代的、简洁而富于美感的流畅线条来表现的方法，这种将紫砂得天独厚的可塑性与手工陶艺精细入微、巧夺天工的表现力发挥得淋漓尽致，并表现一种流畅、和谐，极富整体美感，颇具现代气息，又不失传统底蕴的艺术追求，是我这些年来梦回魂牵之所系。我认为，基于传统的成果，借鉴现代造型的一些理念和法则，去创造新的形象、新的立意，这种从写实到写意，从具体到抽象的方法，不失为一种创造独到气势与无穷气韵的好方法。

三、入情化境，物我一体，赋予紫砂生的律动

气势气韵并非为造而造，也非一蹴而就。也许费尽心机，而意境全无。也许并不经意，而水到渠成。只能意会不能言表者概由是而生。其实，个中奥妙据我所见，是

▲ 图4-11　曲壶，与张守智合作，1988年。1992年被中国国家博物馆收藏，2005年被中南海紫光阁收藏

制壶而制壶、造境而造境，还是入情化境、物我一体的问题。物我分离，作品就显得干瘪黯然，缺少生气；物我一体，作品就丰腴饱满，富有生命力。例如"岁寒三友"之题材，由来已久，被人翻来覆去重复表现，但是谁也及不上陈鸣远"束柴三友"所包含的思想、感情深度。生时傲骨冰姿、高风亮节，砍杀成仁后仍是抱成一团，可谓曲尽"友"意。枝干之干裂残痕清晰可见，又陡生黯然神伤之感。构思之脱俗，内涵之丰富，融入了作者丰富的思想感情，使作品具有长久的生命力，给人以强烈的艺术感染力。（图4-12）

我也创作过《三友壶》，当然不可与陈鸣远同日而语。但我也努力将自己对松竹梅的感情认同融入疏密繁简和刚直弯曲的处理之中，表现竹的刚劲挺拔，梅的冰肌铁骨，松的苍劲老练，将这些精神意趣浓缩于整个壶艺之中，以至气势横生，气韵灵动。

我的《蝉衣斑竹提梁壶》，原本构思的并非蝉衣而是蝉，考虑到以蝉入竹壶，除了视觉效果不理想外，感情的演绎也显得肤浅而不到位。至多是"居高声自远，非是

图4-12　束柴三友壶，1990年连学带创之作

↑ 图4-13 蝉衣斑竹提梁壶，汪寅仙1992年创制，1999年南京博物院收藏

↑ 图4-14 铁梅壶，汪寅仙1991年创制

藉秋风"（虞世南《蝉》），或是"露重飞难进，风多响易沉"（骆宾王《在狱咏蝉》），又或是"五更疏欲断，一树碧无情"（李商隐《蝉》）。经构思改成蝉衣后，作品的立意和深度立刻凸现出来。蝉的生命历程，从潜修、飞升到羽化，蕴含着丰富的象征意义，而取其蝉蜕表意，最能体现和代表蝉从痛苦、奋斗、挣扎，走向解脱、欢欣、飞扬的全过程。壶身题铭为"弃捐无用之甲，振奋有声之质"。有人说这把壶所表现的是一种形象的缩影，一种人生追求的象征，一种苦斗精神的图腾。古人有云，"为情而造文"。我只希望我的壶艺所追求的气势和气韵能给人以一种昂扬振奋、自信自足的感觉，并以物我一体的感情投入赋予紫砂生的律动。（图4-13、图4-14）

艺术就是感情，就是热诚。艺术创造犹如孕育生命。物我一体的境界是紫砂陶艺表现气势气韵之真谛所在。

| 第四节 | 品读名家经典作品

一、紫砂古壶之美兼谈时大彬《仿古提梁壶》①

近 20 年来，海内外发表的宜兴紫砂陶艺专著已有几十种，多次展现紫砂历史上的名人及其优秀的历史名作。台湾江庆书先生的《子壶斋·名家紫砂系列收藏》让人有机会看到这么多珍贵的历史资料及精美的紫砂名作，尤其是看到明代时大彬及徐友泉、陈仲美款的壶，清代陈鸣远、许龙文款的《供春壶》《树瘿壶》，还有近现代顾景舟大师及其他许多著名老艺人的代表之作，无一不精，无一不妙，件件是精品。光货骨肉停匀，花货自然入味，技艺超凡脱俗，筋纹口通挺括均齐，方货轮廓周正，捏塑质朴古雅，栩栩如生。这批作品，特别是有几件作品极具震撼力，也是启迪后人的典范之作。

明代时大彬仿古款《提梁壶》是件惊人之作，整个壶体像一盏灯笼，规而圆之，气势雄伟，提梁成扁方轮廓，方中寓圆，提梁外侧用回纹装饰，至中心还饰有对称的如意云纹，壶盖表面贴饰一圈如意云纹，壶颈围饰莲瓣纹带，提梁刚柔相济，与壶体的高低足、直颈口协调呼应，衬势匹配。壶嘴曲线优美，与饱满的壶身巧置生动，盖点弧线端庄，与壶盖、壶颈装饰的青铜器纹样，更显作品的器重感。壶腹精刻"雅洽荆溪水，偏宜阳羡茶，大彬仿古"，以此入诗，切茶，切壶，相得益彰，此壶属典型的上层社会收藏的名器。

紫砂历史源远流长，历史上确实有许多名人名作为人所陶醉，老祖宗为后人树立了丰碑。紫砂历史上，优秀的名人名作也是一本百读不厌的经典之书，我们要不断努力，不断攀登，古为今用，传承创新，发扬光大。

---

① 汪寅仙稿，原题为《紫砂古壶之美》，《子壶斋·名家紫砂系列收藏》序言。

二、陈鸣远陶艺欣赏①

在紫砂历史上，陈鸣远是一位杰出的大家，是一个风格的代表人物，他对紫砂的发展起到奠基人的作用，他的艺术风格推动着紫砂的发展。如果没有紫砂前辈打下的基础，也就不会有紫砂发展的今天。他的艺术风格就像古典音乐艺术一样，百听不厌、百看不厌，"宫中艳说大彬壶，海外竞求鸣远碟"的赞语，历史上早就赐予了这位艺术大师。

一件紫砂精品必构思精、选料精、做工精，精致的紫砂作品必是形、气、神、韵的有机融合统一。陈鸣远陶艺品类多，形式多样化，色彩丰富，构思巧妙，制作精细，充分反映了浓缩的自然生态美中的形式情趣。从这么多陈鸣远展示作品来分析，风格虽雷同，但是制作手法各异，款印多样，这未必全是陈鸣远一手而制，但足以说明陈鸣远陶艺确实为一个风格的杰出代表，而陈鸣远的弟子们没有为自己扬名，却把陈鸣远陶艺风格发扬光大。

陈鸣远陶艺题材广泛，构思巧妙。陈鸣远能一改时大彬、徐友泉的传统而出新意，确实在陈鸣远作品中找到说明，如引人注目的像生形茶具、文玩和陈设果品，从兽类形式发展到大自然中的树桩、竹笋、瓜果、鸟虫及其他动植物等自然生态美的东西经提炼浓缩并灌注在他的作品中。这些自然生态美的东西正是人们在生活中最接近也是最有亲切感的东西，通过他的高超技艺表现得比真的还可爱，不仅说明陈鸣远创作思路宽广，同时看到作者内心具有一种真善美的心态，追求着作品的形、气、神、韵的有机融合与统一。他还吸取其他方面的创作源泉，如青铜器中爵、簋、鼎、罍、钫、觯、洗、走兽器皿等，制作的器具精工挺括端庄，纹饰清晰，色彩古朴、雅致，美妙绝伦。他对方器也有变化，有四方、六方，有高、矮，有方楞形、方圆角等多种形式，这些作品不仅比例效果好，而且在作品的侧面和底面刻有晋唐风格的诗词和款印，不仅体现了作品的文化涵养和艺术品位，同时也起到了一种传世的意义，从而使紫砂器在中国饮茶史上和陶瓷史上树立了特殊的地位。

陈鸣远技艺高超，精工纤化。《重修宜兴县志》评价"陈鸣远工制壶、杯、瓶、盆，手法在徐沈之间"。《阳羡砂壶图考》又引《茗壶图录》评述鸣远所制的朱泥壶

---

① 汪寅仙未刊稿，1998年，上海博物馆、香港中文大学文物馆、浙江省博物馆联合举办"陈鸣远陶艺展"，汪寅仙观展后作此文，成文时间1998年3月。

云："制作精细，光润自露，薄如纸片，轻如鸿毛……按鸣远一时之巧手，务要清癯，用意丁宁，工夫百练，调泥不苟，有惜墨如金之意。"陈鸣远不仅有巧妙的构思，而且具有精工纤化的高超技艺。否则，尽管有巧妙的构思，却没有高超的技艺，也不会有精工纤化的作品。像《茄子水注》《青瓜水注》《葫芦水注》《莲蓬水注》《梅枝笔架》《玉簪花笔架》《豆花笔架》《梧桐伏蝉盘》《三友壶》及各类青铜器皿和方楞类壶，无不显示他的技艺卓绝。紫砂原料可塑性很强，可任意捏塑，但经高温烧成，各有不同程度的收缩率，具有变形等不利因素，运用不当会出现很多毛病。陈鸣远作品的成功，说明他不仅有高超的捏塑技艺，而且有较合理的工艺手段，如《象方形茶壶》口盖吻合紧密，一丝不差，仿青铜器爵、尊、瓶等端庄挺括，以及有些杯洗叶边和口边的薄巧、规则，花枝攀缠，鸟虫爬行，花果堆叠的成功，都说明工艺手段的高明，确是更具有力度透彻、法度到家的制作功力。

陈鸣远的作品色彩丰富。紫砂原料有紫泥、红泥及本山绿泥 3 种，它们不仅有很强的可塑性，可以任意捏塑，而且还可以任意调配。以陈鸣远为代表的一代人把三种基泥经过调配，成为五色斑斓丰富美丽的复色。陈鸣远在前人的基础上有了新的发展，特别在他所制的瓜果鸟虫方面追求自然、逼真，而又以成熟古雅的格调逗人喜爱。他的作品不仅色彩丰富，而且在用色上雅而不俗，如《茄子水注》《梧桐伏蝉盘》等，在某些地方以色泥装饰起到了画龙点睛的作用。

陈鸣远是紫砂历史上花货艺术的佼佼者，他不仅技艺精湛，而且极富创新精神。他的《弯鋬梅桩壶》，壶身具有冰肌铁骨之势，嘴把气势横生，花枝疏影横斜，富有傲霜斗雪的精神气质，制作用功，精细入微，风流高雅，高度集中体现了他的设计水平和制作技艺。

他的《束柴三友壶》，见壶即见境，能把人引入美好的想象之中，生活气息浓郁、优雅，它确源于生活，而又高于生活，作品的每一根松、竹、梅干的姿态各异，粗细有别，接合巧妙，口盖的设计精妙绝伦，树桩自然古朽，花枝果叶惟妙惟肖，壶身中间一道竹箍，突出了壶的主题，引人入胜，树干中心的干裂残痕出神入化，构思之脱俗，技巧之娴熟，完全是一件超现实主义的雕塑艺术造型。纵观历史，陈鸣远的花货珍品蔚为大观，不胜枚举，不愧为紫砂历史上杰出的花货大师。

时代在前进，人类要文明，紫砂要发展。真善美人人喜爱，所追求的艺术是真善美的反映。紫砂陶艺历来是文人雅士所喜爱的艺术，在人类生活走向高度文明的时代，紫砂陶艺将一定为高度文明的社会所需求。

三、《曼生壶》风采依然[①]

《曼生壶》自问世以来，已有 190 年的历史了。陈鸿寿（1768～1822），字子恭，号曼生，浙江钱塘人，是一位饱学诗书画，精通金石书法的才子，"西泠八家"之一。嘉庆二十一年（1816），在毗邻宜兴的溧阳当县令。他虽在县令的职位上，但是他的目光仍然在文峰墨海间遨游，同时结识当时的社会名流诗人，又结识当时的制壶名家杨彭年兄妹、邵二泉（友兰）等，与朋友共同设计新颖的紫砂壶型，并在简洁明快的壶体块面空白上题字、铭文、篆刻。由陈曼生设计，杨氏兄妹、邵二泉等成型制作，再由陈曼生及其诸友题字、篆刻的壶，后世称之《曼生壶》。

《曼生壶》的最早记载见于日本奥玄宝著的《茗壶图录》，民国李景康、张虹合编的《阳羡砂壶图考》。北京故宫博物院、上海博物馆、天津博物馆、重庆博物馆、江苏淮安市博物馆均藏有《曼生壶》及有关资料。在 20 世纪 80 年代初，香港罗桂祥博士将紫砂壶藏品汇集，出版两册《宜兴陶艺》。台湾詹勋华、杜洁祥两位先生合编了《宜兴陶器图谱》，另有《中国茶道》《宜兴之旅》也在台湾出版。顾景舟先生等合编的《宜兴紫砂珍赏》、徐秀棠先生著的《中国紫砂》、宋伯胤先生著的《紫砂苑学步》、吴山老师主编的《中国紫砂辞典》等，都介绍了陈鸿寿及《曼生壶》。"曼生壶十八式"是常人的说法，有资料反映曼生手绘十八壶式，有资料提供二十 式，也有资料提供三十八式。收集资料中一定要有"曼生"铭或"阿曼陀室"款、"彭年"小印的才算数，已收集到《曼生壶》不同图谱有 85 种。当时曼生等人还和其他制壶名手合作，其作品尚有待发掘。

《曼生壶》的大部分壶式为后人沿用着，并以《合欢壶》《石瓢壶》《井栏壶》更为广泛，已成为历史上跌不破的造型。紫砂壶艺界各个不同层次的艺人都在仿制，顾景舟大师在世时，对《合欢壶》《井栏壶》《石瓢壶》曾做过一番研究，并融入他的造型理念，经精微仿真成为他的代表之作。

杭州唐云纪念馆"八壶精舍"陈列了唐云先生生前最喜爱的 8 把紫砂《曼生壶》。《曼生壶》以其新颖的独特造型，制作的精致，以及切壶、切茶、切景、切水、切文的书画篆刻装饰，名传于世，受到世人的欢迎。

① 汪寅仙稿，刊载于《宜兴紫砂》第 3 期，2006 年 6 月。

从《曼生壶》的历史资料来看，陈曼生等这些文人墨客、雅士才子与当时制壶名手杨氏兄妹、邵二泉等合作的《曼生壶》，是高层的合作，是高水准的合作。《曼生壶》的设计，名手的制作及其与幕僚好友江听香、高爽泉、郭频迦、查梅史在壶体上的题字、铭文、篆刻是他们智慧的结晶，他们的题款、铭刻与壶型相得益彰，两全其美，使紫砂壶出现了新颖意趣，增加了文化内涵，并以字随壶传，壶随字贵，受到了社会上层的青睐。而且，由于陈曼生开拓推广，开紫砂茗壶与诗、书、画、印等艺术相结合的"文人壶"的先河，一直影响到今天。

《曼生壶》的题材广泛，形式多样。有提梁壶、端把壶，有四方、六方、长方、圆珠、直筒的，有扁圆、曲直的几何形，也有瓢、瓜、葫芦等自然物体形，也有借古代柱础、井栏，古器物斗笠、却月等，形象自然，内容丰富，造型简洁大方，实用性强，并在壶体块面空旷处饰以书画、篆刻，为众多文人雅士所喜爱。

《曼生壶》的造型各异，不仅简洁明快，线条流畅，体形端庄，雅朴大方，同时比例得当，施艺严谨。如《井栏壶》，其形虽从古井器物中借鉴过来，但通过了艺术的提炼变化。井栏壶式有 4 种：仿溧阳唐井、高井栏、井栏腰部加道箍、作线条装饰的有井栏盖面上加道圈线的，都是参仿自然生活中的形器，故高矮有别，高有高的得体，矮有矮的精神。壶嘴形式有一弯嘴，也有直筒嘴的，壶把摘手样子比例和壶身协调得体，特别带有锥体形的，不仅具有稳重感，而且显造型力度，在壶体上书画篆刻视觉效果特别舒适。又如，《提梁石瓢壶》和《石瓢壶》两个壶体虽相似，但还是有变化，《提梁石瓢壶》口面小，适合于提梁装置，壶底大而稳，壶身下部用小弧线收敛，在三角锥形中起到饱满过渡的效果。底部用三只小圆钉做壶脚，既稳妥又显灵气。提梁的空间弧线与壶实体间形成对比，壶盖和摘手又与壶身整体呼应，壶嘴简洁大方，显示壶型的轮廓美，又配以"提壶相呼，松风竹炉"的铭文和篆刻，成为壶艺超凡脱俗的至高境界。合欢壶也有高矮两种，壶身都是以两个盘子相合而成，壶嘴和盖点搭配合理，非常柔和，端庄秀丽，寓意"合欢"。"试阳羡茶，煮合江水，坡仙之徒，皆大欢喜"的诗意铭文，更显茶艺，壶体端庄大度，豁达开朗，既亲情又切意。《葫芦壶》，色淡，外轮廓优美，简约精确，壶嘴、壶把自然生动，略显藤意而巧置，壶盖和点手与壶型匀称得势，意境怡神，可爱亲和。《秦权壶》，壶型粗壮，坚实，有度量器具之感；鹤起的一弯嘴和弧形壶把，壶盖弧形呈整体周正，增加壶的灵巧之感，摘手像砣钮，壶身铭文"注以丹泉，饮之延年"刻刀遒劲爽利，突入眼目。方壶的设计也有多种变化，嘴把附件的设置既有变化，又与主题协调衬托，使直线和平衡线不呆板。方壶的铭文"内清明，外方直，吾与尔偕臧"。《却月壶》也形象生动，壶嘴壶把小巧别致，壶轮廓线优美动人，铭文"月满则亏，置之座右，以我为规"，尤显典雅、深刻，蕴藏着自身的品格修养和人生哲理，既悦人心目，又发人深省，不愧是博学多才的诗人。

《曼生壶》造型简洁大方，泥色古朴雅致，大部分壶的泥色是以紫砂泥（紫泥、红泥、本山绿泥）经过搭配、调制。紫有深浅，赤有浓淡，黄有老嫩，有的呈青紫色，有的呈鼠灰色，故《曼生壶》更显得清雅、稳重、质朴古秀。还有的壶在泥料中掺入粗砂、细砂，使壶的表面呈现星星点点，时隐时现，泥色斑斓，更显示曼生壶艺的雅趣和意韵。

《曼生壶》的另一特点，注重签款、印记等章法，签款、印记有"桑连理馆""陈鸿寿堂台""阿曼陀室""曼公""曼生""老曼""鸿寿"，以及他的同僚好友江听香、高爽泉、查梅史、郭频迦等在器皿上题款、铭文，如频迦、曼公督造，底款"香衡"篆文长方章等，由此可以看出，陈曼生和文人好友们的亲密关系，协调合作，情长意深。

在《曼生壶》资料中发现有两把直腹壶底部侧面刻有铭文，与众不同。其一，是在香港茶具文物馆罗桂祥珍藏《宜兴陶艺》第159页的直腹壶，段泥粗砂制，淡黄色，在壶肩部仍有铭刻，壶底侧面一圈篆刻着15位茶朋壶友的姓名：江听香、钱叔美、钮非石、张老薑、卢小凫、朱理堂、张晴厓、施辛萝、高爽泉、释懒堂、高午庄、缪朗夫、孙仲疋、沈春萝、陆星卿同品定并记，壶底"阿曼陀室"，把下"彭年"小印；台湾成阳艺术文化基金会2000年出版《古壶之美》一书，第325页，载有同样的一把壶式。正面壶体刻款内容形式相同，泥色是"墨色"，细腻，底款是"种榆仙馆"方印，壶底侧面一圈同样篆刻着15位茶朋壶友的姓名。两把壶的嘴和把形似，似细部处理不同，前者壶嘴下沿尖而出，嘴呈一斜面，后者壶嘴下沿切面直而短，壶口也大，壶盖已由顾景舟大师来配盖。从两把壶的制作手法和口盖大小来看，两把壶不像是同一人制作。前者签茗壶第一千三百七十九，频迦识；后者书上没有注明这样的连续数号，如果数号连续说明为同一个款式。《阳羡砂壶图考》一书中现藏上海博物馆的《曼生壶》，壶腹上刻"曼生督造茗壶第四千六百十四"等文字。在这一时期，可能是由陈曼生领头，文人、制壶名手就在身边共同参与的紫砂茗壶创作班子，有几个人在做这《曼生壶》，故所以会有这么多的数号出现，形成一个《曼生壶》体系，这仅是推测。

陈曼生，邃于金石之学，与当时著名金石学家丁敬、蒋仁、黄易、奚冈、陈豫钟、赵之琛、钱松合称"西泠八家"，故他们又以治印而著名，并擅山水画，讲究简淡意远，疏朗明秀，诗文造诣精深，著有《种榆仙馆诗集》，读后给人以刚劲之美的韵味。以切形、切水、切铭、切情的诗意，融书法、金石于一体的《曼生壶》，独具其曼生壶艺语言，在紫砂史上更是光彩照人。

综上叙述，《曼生壶》制作水平高超，造型精美、古朴，百看不厌；铭文典雅，语言优美，自然天成，耐人寻味。《曼生壶》品种类型之多，单件数号之多，并在壶体上留下众多茶朋壶友的姓名，这充分反映了当时社会对其追捧的火热程度。《曼生壶》艺术品位之高雅，是文人才子与制壶高手珠联璧合创造的结果，曼生虽居官位，却根植基层。《曼生壶》因品位而彰显，因品位而流芳，给世人留下了壶艺珍宝。

《曼生壶》的出现，唤起了士大夫、文人墨客参与紫砂陶创作的意兴，使之更富有完整而高尚的文化内涵，提高了紫砂茗壶在社会物质和精神文化生活中的地位，从而使紫砂壶迈进了高雅的艺术殿堂。

四、宫廷紫砂展观后感①

2007 年 4 月 27 日，北京故宫博物院成功举办了"紫泥清韵·宫廷紫砂展"，并举行了隆重的现代大师作品捐赠收藏仪式，这对我们紫砂业界是一大鼓舞和厚爱。这次展示的作品是从 400 多件宫廷藏品中精选出来的 100 多件经典藏品，其展出规模可谓前所未有，这是紫砂事业的幸运。参观后，我受益匪浅。感谢我们的前辈以他们高超的创作智慧和制作技艺为紫砂事业留下了辉煌并奠定了坚实的基础，为最高艺术殿堂——故宫博物院留下了不朽的瑰宝。

展出的明代时大彬款《雕漆方壶》，它的紫砂内胎骨架非常精简，除了精美的雕漆工艺外，壶的整体设计比例恰当，方圆结合，壶嘴壶把的形式舒展得体，外轮廓线刚柔相济，壶的虚单面与壶肩壶面协调和谐，高高的颈口，显得有分量，点、线、面及大小粗细变化比例恰当。壶体开光内的画面也符合意境，边框的漆雕细腻，外轮廓用阔线收边，更加突出工艺细部功夫，当年的雕漆至今还这么完好无损，足以反映出当时漆雕工艺水平的高超，也显示了皇室的权力及当时社会艺术综合设计能力和工艺

---

① 汪寅仙稿，原题为《紫泥清韵·宫廷紫砂展观后感》，刊载于《宜兴紫砂》第 3 期，2007 年 9 月。

技术的高度发达，确为后世留下了珍贵的艺术遗产。

清代作品《绿地描金瓜棱壶》《黑漆描金吉庆有余壶》，它们的紫砂内胎做得非常精致，壶体气势有力度，装饰是珐琅彩与紫砂的结合，这样的装饰手法是一种创新，其色彩富贵艳丽，更显示了宫廷用具的高贵及皇族追求富而贵，享有天下第一、至高无上的权威性。

在乾隆期间的茶具中，看到《描金御题诗烹茶图壶》，在壶光面上装饰有庭园风景的烹茶图和刻有描金的御题诗文，画面是浅浮雕形式，描写达官贵人的生活，亭台园林装饰像细腻的泥塑，精致入微，有工笔画展现的效果，壶身及壶嘴、壶把、壶盖比例得当，整体端庄秀丽，格调高古，制作严谨，作品充分体现文人的诗情画意及高超的泥绘水平，这些特殊的刻画手法给人留下极其深刻的印象。

宫廷紫砂作品为什么有这么高的水平？因为宫廷里有知名的文人和技艺高超的能工巧匠、有先进的工艺、有发达的漆雕技术，加上皇帝本人的文化艺术素养和学识，在社会安定的情况下，利用宫廷的权力，将优秀的文人、艺匠会集一起，这是在特定的环境及特定的条件下产生的珍贵艺术，这与民间的简朴在格调上当然有明显的区别。这应该是中国皇家陶瓷文化的代表，对现代人而言，当然不是照搬照抄，而应该学习吸取其艺术精髓和高超的技艺。

通过参观学习看到紫砂有这么高的地位、这么好的基础、这么高的起点，这是面镜子，更是动力，后人应该努力学习，不断继承和发扬优秀传统艺术，提高自己的素养，提高自己的艺术眼光，打好艺术和技术的基本功，不断创新，永不满足，创作出符合今天时代精神的艺术作品。

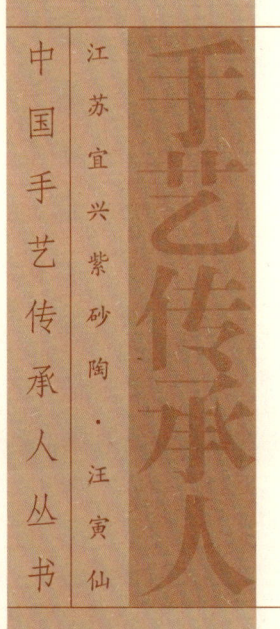

第五章

汪寅仙谈紫砂技艺

　　"宜兴紫砂陶制作技艺"为"传统手工技艺类"首批国家级非物质文化遗产项目。紫砂陶工艺的核心是纯手工拍打镶接技法，产生于宋元，成熟于明代，迄今已有600多年的历史。汪寅仙的紫砂技艺继承吴云根、朱可心、蒋蓉、裴石民、顾景舟、王寅春等大家光货及花货壶艺精华的同时，临摹《项圣思桃杯》《风卷葵壶》等经典名作，精研紫砂泥性与工艺，在创作中形成了个性鲜明的行艺风格。汪寅仙在《宜兴紫砂壶的手工成型技法》《紫砂塑器·花货》《〈曲壶〉设计制作的几点体会》等文章中，总结了"打身筒"法、"镶身筒"法等宜兴紫砂壶的制作经验与创作心得。

|第一节| 宜兴紫砂壶的手工成型技法①

　　宜兴紫砂是中国陶瓷中最具特色的陶瓷器，由于其原料性能的独特，可塑性强，决定了全手工成型的必然过程。

　　紫砂原料属陶瓷工业原料中耐高温的烧结陶土，经物理化学性能测定，通过高温烧结后，质坚耐抗压，内壁呈双重气孔。由于紫砂壶属中性质地，特别利于泡茶，甚至"注茶越宿，暑月不馊"，茶汤不易起腻苔，又容易清洗。如果用一把好壶，在掌握茶性与水温适度的情况下，一定能泡出聚香含淑的好茶，不仅醇郁芳香口感好，而且能让茶叶中含有的各种营养元素得到充分的发挥，并无任何化学反应，这是紫砂壶独具的最大特点，也是任何泡茶器皿无法超越的。故紫砂壶以宜茶性而著名，受到人们的喜爱。紫砂壶用于泡茶有这么多的优越性，这也无疑对紫砂的发展和提高起到了相当大的作用。（图5-1~图5-4）

---

① 故宫博物院. 2007年国际紫砂研讨会论文集 [C]. 北京：紫禁城出版社，2009.

▲ 图 5-1 黄龙山青灰紫泥

▲ 图 5-2 黄龙山红泥

▲ 图 5-3 黄龙山朱泥

▲ 图 5-4 黄龙山墨绿泥

　　宜兴紫砂从起源起，经过一千多年的沿袭、变革和演进，从简单的实用器皿发展至今成为品种繁多的艺术品。它们有壶、盆、鼎、茶具、酒具、餐具，各种陈设及文房雅玩等。在这么多的种类里，最突出的还是茶具类，它的造型形式丰富多样，真是千姿百态，洋洋大观，无法计数，但是从各式各样的壶型里可归纳出紫砂壶艺的主流造型，即俗称的光货、花货（塑器）、方货、筋瓢货（筋纹器）四大类。

　　光货，主要形式是以圆器及几何形体为主，素面素心，外轮廓是用大小弧线或正反弧线的组合，并进行自体的伸缩变化，达到多种多样的有节奏的生动效果，简练的壶型用典型的抛物线、大弧线、小弧线、曲线、双曲线、直线、椭圆线等来塑造成型，显示出简约的大气大美及变化的轮廓美，称为光货。

　　花货，将大自然中的有机形态，如松、竹、梅、柏、桃，各种花卉、蔬果、鱼虫等动植物的自然美的生态塑成壶型，或在光润的壶体上装饰自然界中的生物形态。总之，将自然界中的生态美注入壶艺之中的壶类称为花货。这类花货造型用捏塑、堆贴、印纹等手法，做出生机勃发或是残缺的生态美，把生活中的各种自然美的形态浓缩到壶艺之中，还有一种是沿用莲藕、牡丹、鱼、虫等仿生形象的花货，它的特点不仅形象逼真，而且泥色也力求鲜活生动，这种自然形式的花货也占有一定的比例。因此，花货的形式范围是比较广泛的，可为紫砂陶艺中的一个大类。

方货，有四方、六方、八方、长方、三角形及四方、六方、八方相互运用，等边形式相结合，同时有高矮搭配等变化。另外，还有方圆角的、侧角的、抽角的等多种形式。具有阳刚之气，方正之美，逗人喜爱。

筋瓢货，如将其归纳，有各种花卉变化成图案的壶型，如菊花、菱花、葵花、梅花、水仙花等；还有以各种瓜型塑成的壶型，它们的外轮廓按花型、瓜型的特征而变化；也有自体伸缩的方法变化成高矮有别，形象生动的壶型。另外，还有的筋瓢货是以曲线形式装饰壶体，像如意纹、鱼化龙的云纹、水波纹等，这些含有生动意境的曲线纹具有均齐、对称、饱满、秀丽、端庄、挺括之美感。（图5-5）

紫砂壶全手工成型，必须掌握紫砂泥的性能并合理运用，紫砂原料可塑性好，最宜搓、捏、堆塑、拍打、镶接等，尤其是壶类，并不适应现代化的生产方式，如注浆成型和机械成型。因此，紫砂壶的全手工技法不仅得到保留，而且独具一格。应该

图5-5　汪寅仙创作《丰碑壶》

说，目前，世界上首屈一指，仅此一家，特别是制作技艺已被世界陶艺界所公认。2006 年 10 月 28 日，第八届全国陶瓷艺术与设计创新评比活动在宜兴召开之际，国际陶艺学会和美国中华陶艺学会分别为宜兴挂上两块牌匾，一块是"中国宜兴——世界制壶中心"，一块是"中国宜兴——世界茶壶之都"，这充分说明紫砂壶的制作成型得到国际陶艺学会及美国中华陶艺学会这些权威机构的高度认可。

感恩上苍赐予我们宜兴这块宝土，同时造就了一代又一代的制壶高手，名工巧匠层出不穷。在历代能工巧匠的精心耕耘下，紫砂壶造型成千上万，并不断推陈出新，在手工成型技艺方面积累了很多宝贵的经验，使后人得益匪浅。

紫砂壶全手工成型法，主要有"打身筒"法、"镶身筒"法，还有一种虽使用不太广泛，但在掌握运用上有它的特殊性，如制作树桩类、竹筒类的壶型时，就采取另一种"竖身筒"法。

"打身筒"法，一般是指简练的壶身，圆器或几何形等。先打泥片、泥条，把泥片、泥条量裁成需要的大小尺寸，将泥条围成需要大小的圈，把两头接合，切齐并夹平正，然后用木拍子开始拍打壶的下半部，拍打成需要的弧度后，接上壶的底片、夹紧，翻过身来，再拍打壶身上半部，成为壶的雏形弧度后，镶接满片，用木拍子运用搟、滚的手法，将壶身上下两头的泥片挤紧，把壶身搟圆、规正，稍晾一下，待身筒干燥一些，再用竹篦子整形，把壶身上下整得周正挺括，然后加上壶的底足或颈口，壶身已成基本雏形。然后，开始搓、捏壶嘴、壶鋬。做壶盖，一般是用两泥片相结合，一块为座片，即平的一块，一块为虚片，是将泥片虚成一定高度的弧形，将座片和虚片用脂泥粘在一起，用竹篦子篦至挺括，再把搓捏好的壶嘴、壶鋬整形，完成整个过程。壶身，如有底口线必须清口线、完（清）底足，然后在壶身上安装壶嘴、壶鋬，勒盖子口、琢壶嘴、壶鋬，完（清）盖子，捻盖滴手、开壶口、推墙刮底，打印章、完茶壶，即完工前，将壶的各部位全面再光周到，这就完成了整个"打身筒"做一把紫砂壶光货的基本全过程。（图 5-6、图 5-7）

"镶身筒"法，紫砂壶方货的典型成型方法。先打好泥片，稍晾一下，用样板量裁所需大小的泥片，有的根据弧度的需要做成虚泥片，镶接身筒，稍晾干一下，在接头处拍、夹、压紧，整理壶身上下，挺括周正，安上底足、颈口、同壶盖板，有的壶嘴也是用泥片镶接的。壶鋬一般是用样板裁出泥片鋬样后，再加工其表面，壶嘴、壶鋬的规整，先要经过拍、夹、刮、光的过程，做好后再与壶身相接，勒盖子口，琢壶嘴、壶鋬，夹光壶嘴、壶鋬，完盖子等，与光货的成型步骤相同。盖滴手，有的是用泥片切成各式各样，也有用捏塑的或搓成桥梁的，总之，也要先做好，然后在壶盖面上安装滴手，并琢滴手，还要经过转滴手的足、开壶口、推墙刮底、打底印、完茶壶等过程。

筋瓢货的成型，也是先打泥片、泥条，泥条围成需要大小的圈后，打身筒（与圆器成型法相同），用竹篦子整形，整得周正挺括，然后用工具压出筋纹。另外，也有用两块泥片，在刮好筋纹的虚坨上虚成有筋纹的雏形后，将上下两片相接合成型的。以后过程，安上底足、颈口、同壶盖板，搓、捏壶嘴、壶鋬、滴手等均与圆器制作相同，筋纹的处理靠专用工具完成，如样板、凿子、线梗等。

在花货中全手工成型如竹节形及自然树干形的壶类时，必须以"竖身筒"的方法完

1.打泥片

5.切接口

9.上底片

2.打泥条

6.打身筒（下半身）

10.夹底片

3.划泥条

7.旋片子

11.捋脂泥

4.围身筒

8.上脂泥

12.打身筒（上半身）

图5-6　汪寅仙示范制壶步骤（组图）

13.切口

17.篦身筒

21.搓壶嘴

25.搓壶把

14.上脂泥

18.勒脚坨

22.通壶嘴

26.弯壶把

15.上满片

19.同盖头

23.弯壶嘴

27.粘壶嘴

16.捋身筒

20.勒子口

24.切壶嘴

28.切壶把

29.粘壶把

1.打泥片

2.打泥条

3.围身筒

4.刮接头

5.打身筒（下部）

6.打身筒（上部）

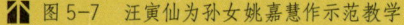
图 5-7 汪寅仙为孙女姚嘉慧作示范教学

7. 擀身筒

8. 箆身筒

9. 勒坨子

10. 同盖头

11. 勒子口

12. 通嘴

13. 装把

成，一般也是先打泥片、泥条，泥条围成圈，接口切齐，夹紧夹平，用专用工具或手指由内向外挺，并用手指掠其内外，将树桩的痛节先挺出来，树的凹槽，再用手指掠和捺做出树段的雏形，然后相接壶底、壶满，这样的手法叫"竖身筒"。身筒竖起来后，晾一下，安上壶底足、口颈，壶身上的痛节要靠专用工具雕琢、刻画、搓壶嘴、壶鋬并雕琢树桩节疤，先做好这些附件后，再安装在壶体上，琢壶嘴、壶鋬，攀树枝，贴花叶等。完成这些琢挡后，最后完壶的工序也与光货相同，花货的另外一种是在光圆的壶体上作装饰而成。它的成型方式大部分步骤与光圆素器相同，不同的就是在光圆素器上精心堆塑、攀枝梗、贴花叶。壶体完工前的工序与光圆器的工序相同，使其各部分周正、挺括、完美。

以上各类紫砂壶的成型方法有许多共同之处，也有根据不同的形体，不同的装饰，运用个性化的手法，达到不同的艺术效果，这就是紫砂陶艺的特殊性。

做好一把紫砂壶必须讲究技巧，有句俗话："仅能做得起，不是本事；要能拿得住，才是本事。"其制作者必须具备三要素，熟练的技巧，看基本功；高超的技艺，看法则的运用；富有内涵的大气大美的作品，看作者的修养。除了以上三要素外，做好一把紫砂壶，在成型制作过程中，还要有必备的常用工具及特殊工具。

必备工具：泥凳（工作台）、木搭子、转盘、薄木板拍子（木制的、铁制的）、竹拍子、墙车、矩车（圆规原理）、铁鳑鲏刀、铁尖刀、竹尖刀、明针、铜管、挖嘴刀、独果（竹、木制）、滴捻子、篦身筒竹篦子、盖板竹篦了、盖了口勒只、脂泥复子、完盖石、尖骨针、印顶柱、小木榔头、脂泥板和筷等，这是做一件简练的紫砂壶光货的必备工具。如果做一把有底、口盖线紫砂光壶，还要有各种不同弧度的清线专用的线梗，一般用牛角片制成；如果是方货壶型，还要有壶身侧面、底、满、盖、口、嘴、鋬等的样板；如果是筋纹器，要有筋纹轮廓的样板和押筋纹专用工具及清理筋纹的线梗等；如果是花货壶，还要有雕塑工具和清理树桩、花、叶等的特殊工具等。总之，不同壶型运用不同的成型法则及不同的工具，才能达到应有的效果。工具制作既要科学设计，又要制作得规格、精细、光滑，才能得心应手，工具的好坏及应用也是影响作品的重要环节，所以紫砂壶具有独特的工艺美，"工欲善其事，必先利其器"。（图5-8）

紫砂壶造型之所以形式多样，花色繁多，技艺精湛，第一，由于原料的得天独厚，并有利于手工成型；第二，历代紫砂艺人的伟大创造，有着丰富、成熟、合理的操作技法；第三，有得心应手的工具，才能无拘无束地塑造多种艺术造型。一件紫砂

🔺 图5-8 汪寅仙常用的紫砂制壶工具和做工具的工具（组图）

作品完成的全过程，设计制作者必须全面掌握，独立完成。所以，一件紫砂器内髓质量的好坏、档次的高低、艺术的水准，都决定于设计制作者自身的艺术素养、技术水准和实践经验。

紫砂陶艺历史悠久，风格独特，技艺精湛，是中国传统的文化艺术。它之所以能立足于世界，是历代无数艺人的智慧结晶，是对人类陶艺文化艺术的贡献。紫砂陶艺工作者为继承和发扬这一中国传统文化艺术，使紫砂艺术代代相传，为不断充实紫砂艺术宝库而做出贡献，为人类文明不断创作出更好更多的艺术作品而努力。

| 第二节 | 紫砂塑器的塑形与窑烧经验①

在悠久的紫砂器发展历史中所记载的第一件作品——《供春壶》，就是塑器，俗称花货。这件作品是完全以捏塑的手法做成，它以古老的银杏树瘿上的痛节塑成型，壶嘴和壶把就像自然生动的枝梗，舒展自若，壶体上七凹八凸的纹理生动别致，树瘿的表面有着丰富的指纹，整个效果质朴古雅，造型既有天然妙成之韵，也有手工精致之趣，故此，前人称颂这把壶为"脱尽人巧殊众工，神工鬼斧难雷同"之塑器艺术品。

由于花货有着较长的历史基础和良好的开端，加上得天独厚的紫砂原料，特别有利于手工成型和雕镂捏塑，所以在紫砂器的发展进程中相继出现了许多珍贵的花货艺术品。（图5-9、图5-10）

总括来说，花货的造型可归纳为以下四类：自然型、几何型、像真型和吸收古代青铜器、玉器、漆器及日常生活的器具造型等。

自然型的器皿就是将生活中所见的各种自然形象和各种物象的形态，经艺术的加工提炼，设计成器皿造型。如将松、竹、梅、柏、桃等形象制成各种树桩形的塑器，或是将瓜果花鸟虫鱼等的形态进行现实或超现实的变化，以写意画或工笔画的意念，将之塑造成自然化或概括成图案化的造型。

几何型的花货是运用雕镂捏塑的手法，将自然形象化的壶嘴、錾、盖、钮等部件附于几何型的壶身上，以完成整体的造型；或是在器物的显眼部分施以简洁的或图案化的堆雕装饰，这类花货的俯视或侧视外观，总体来说，都保持着一个简洁的几何形状。

像真型的花货是利用五彩斑斓的紫砂泥及巧色的工艺将瓜果、荷花、莲藕、花草、虫鱼等自然物件刻画成逼真的紫砂器，务求做到以伪乱真、出神入化的效果。

此外，紫砂塑器还有以青铜器、玉器、漆器及日用品的造型及纹饰效果，注入紫砂造型的艺术之中，如炉、鼎、盆、尊、包袱、印包、皮囊等，都是紫砂器常借用或仿效的题材。花货的成型方法基本上与其他紫砂造型的成型方法一样，都是以"镶身

---

① 汪寅仙稿，原题为《紫砂塑器·花货》，刊载于《紫砂春华》，香港市政局出版，1988年。

图 5-9　汪寅仙在设计紫砂样稿

图 5-10　狮象玉鼎壶图稿，汪寅仙设计

筒"或"打身筒"两种手法做成壶体的雏形，然后以雕镂、捏塑、堆贴等方法修饰身筒及做成部件。紫砂原料虽然有良好的可塑性，特别适合制造细致的花货，但是做一件好的花货，除要有熟练的成型手法外，还得留意一些关键的工艺技巧。

第一，不同色泽的紫泥原料有着不同的收缩率，在烧窑时，它的吃火度也有差异，如在制作过程中不能掌握它的特性，作品就会出毛病，或是达不到预想的效果。

第二，制作一些造型比较特殊的紫砂器——如带有长嘴或是提梁的壶，在烧成时很容易变形。要防止这缺点，不仅要在制作过程中注意贴附部分力点的分布，还要在半成品的晾干过程中掌握关键，坯体要放置平稳，以阴干为宜，不可暴晒。俗话说"三分做，七分晾"，就是说明了坯体干燥过程的重要性。

第三，好的窑具也是保证作品完好的重要因素。如体积比较大的壶，在烧窑时必须配上垫圈或座子，一是保证壶底的平正，二是使烧窑时壶的底部可通风，以防炸裂。另外，如烧制桃杯，由于它满身都是薄巧的桃叶，杯口又是敞开的，桃梗的高度又超过杯口，因此桃杯入匣钵时不能正放，也不能覆烧，所以，每次烧窑时都必须配制架座，这样可确保杯子的口型平正，又保证烧成时的平稳。（图 5-11 ~ 图 5-14）

图 5-11　宜兴前墅龙窑

图 5-12　龙窑内部场景

▲ 图 5-13　窑具匣钵

▲ 图 5-14　柴烧燃料毛竹枝

在紫砂塑器造型设计上，在自然界中有着取之不尽用之不完的创作源泉。花货的设计是要将自然界中物体的形态去粗取精，并进行艺术上的加工提炼，将之变化成高于生活的艺术品，以丰富人们的精神生活。因此在创作紫砂塑器的过程中，必须注意艺术上的变化和统一，气势上的生动和协调，效果上的实用和美观。所以在构思时，首先要从形、神、态、气、韵、精、功等方面去追求艺术效果。如设计以"竹"为题材的作品，在效果上必须有清秀挺拔感，或有秀竹潇洒飘逸等特征；如设计以"梅"为题材的作品，应具有冰肌铁骨之势，或梅花疏影横斜，富有傲霜斗雪的精神气质；如设计以"松柏"为题材的作品，应有精尖老练、气魄横生、苍劲青翠、富有生命的魄力；如以"桃"为题材，不仅要表现出桃树干的古老苍劲及枝蔓和桃叶的生机盎然，而且要有丰满的花果来反映桃的生命和活力。在具体做法上，制作时又必须注意到整体和局部的关系：整体是指主体的形象具有气势和神态；局部是指嘴、鋬、盖、钮及其装饰要协调统一，融为一体。在布局上，要考虑整个构图的重心和比例，局部的装饰必须放在人眼的视线中心。在疏密的关系上，要多而不繁，或是以简托繁，例如《项圣思桃杯》，造型构思完整，在一只半截的杯体上设有这么多的桃梗、枝蔓、桃叶及许多花蓬和桃子，而其布置有的地方密不通风，有的地方疏可走马，好比一幅优美的工笔画在坯体上展现。在造型处理上，特别是制作自然形的树桩、瓜藤、花果等，不仅要自然生动，外形清晰，制作用功，而且要交代出各部的来龙去脉，肌理纹路，这样才能使作品完美精致。

紫砂塑器有史以来，代代相传，从未间断，它以自然物体形象为源泉，题材丰富，经历代众多艺人的智慧和创造，技艺水平不断提高，各个时期皆有风格独特的名工巧匠出现，创制出不少新品。紫砂塑器在宜兴陶艺中，今后当仍可保持其特殊地位，继续创新发展。

|第三节|《曲壶》的设计制作①

　　紫砂陶艺历史悠久，风格独特，技艺精湛，是我国优秀的传统文化艺术，它给人类的精神生活增加美的享受，深受海内外人士的喜爱。但是，人类对于精神生活的享受是无止境的，随着时代的变革和进步，人类对艺术有着不断的更新更高的要求，因此，必须不断地创新，所以艺术也是无止境的。

　　紫砂《曲壶》是1988年年初由中央工艺美术学院张守智教授和我共同合作设计的。那时张教授带上一批图纸来厂要与许多技术人员进行合作。正巧，我有一个设想，想做一个流线型的壶式，一拍即合。我和张老师进行了较深的讨论研究，确定取蜗牛的有机生态构成整个的造型，针对这一设想，画出了图线。（图5-15、图5-16）

　　按照这个设想，应该如何做才能真正达到理想的设计效果？为此，我做了比较周密的思考。第一步，理解蜗牛的有机生态，以及如何与制壶艺术有机地结合起来，通过丰富的想象把蜗牛的生动形态注入造型艺术之中，体现出整体的艺术效果。第二步，选用什么样的紫砂原料最能表达理想的意图？觉得用较细的紫砂泥比较适宜，因为紫泥色调温润、质朴典雅，能充分体现轮廓线条的韵律美。另外，《曲壶》形象活泼，色调不宜过轻，应该稳重，才能显得大方。第三步，用什么样的造型方法和工艺手段来完成，并达到总体设计的效果？这是更重要的一步（这里包括工具的创造和运用）。《曲壶》的成型方法主要是镶接成型，许多局部是通过镶接以后进行暗处处理，使各部结构协调舒适。这个壶的特点，主要是提梁形式突破了紫砂的传统规律，新颖别致。因为结构特殊，为了追求提梁的气势生动、线条流畅，在线、面的接合处理上，厚薄与壶口统一均齐，提梁两面的边线与壶口两条边线联合成一条回旋的棍子线，线的处理均匀饱满、挺秀清晰，显得静中有动、动中有静。提梁的宽窄设置不一，是按壶身接触部位协调而定，提梁的顶端是手提部位，不能过宽，以提拿方便为宜。总之，提梁的宽窄确定得好，便能增强壶体侧面的效果。提梁的长短设置必须根

① 汪寅仙撰文，原题为《〈曲壶〉设计制作的几点体会》，1992年在"首届紫砂文化研讨会"上发表。

图 5-15　汪寅仙制作《曲壶》

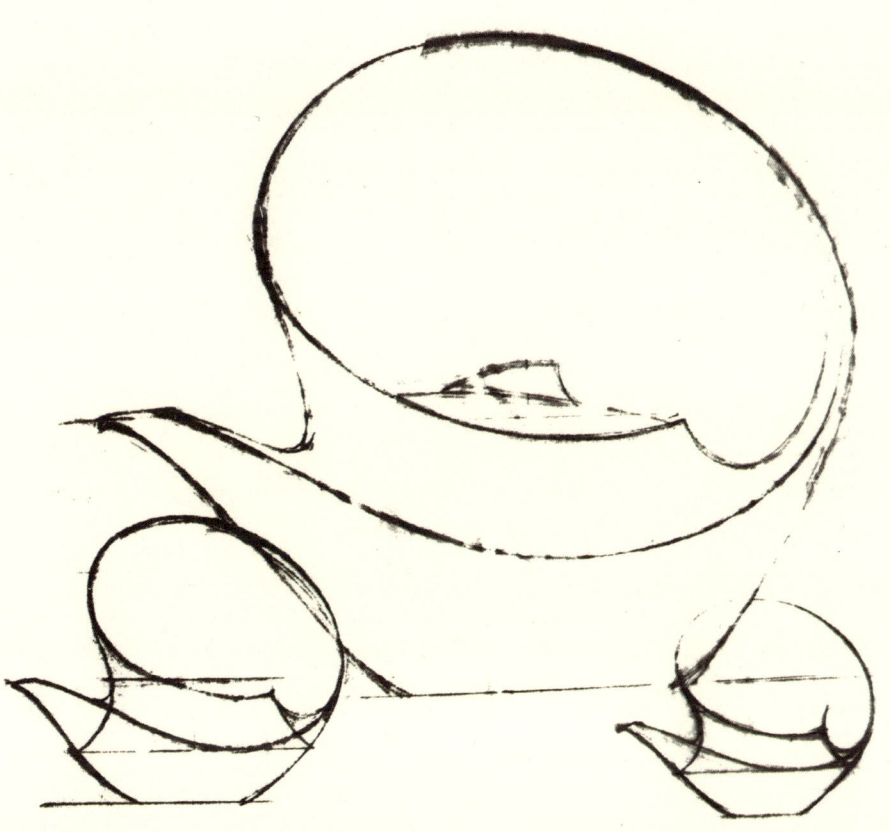

图 5-16　《曲壶》设计稿，张守智，1987 年

据壶身主体的高低、大小而定，长短适宜，气势加强，掌握比例关系是使结构设置合理的关键，同时也直接反映作者对造型艺术的素养和实践水平的高低。除了新颖的提梁形式外，其他的特点在它的各个细部，通过艺术加工，使点、线、面的结合处理切当。如壶盖，用饱满的虚线与壶口流线相应，盖滴从盖顶自然舒出，滴顶形式和点面的处理又与壶把提梁相应，增强壶体协调，并丰富了提梁的空间美。

提梁从壶口舒出自然，又与壶身腰线连贯衔接，和谐统一，从壶嘴到壶把，只用一条蜗线贯通。壶嘴是从壶的腰线中起伏延伸，显示了静中的活力，有使蜗牛抬头爬行的动感。艺术设置自然，使整个壶体充分反映出自然美和形式美的最佳结合。《曲壶》的实体与虚空间对比强烈，这是它的又一特点。壶身敦庞，圆形体，挺括圆正、骨肉停匀，线面的转折干净利落。所以显得轮廓格外清晰，线条完正简洁，充分体现虚空间的美和韵律美，产品有着耐人寻味的效果。一件完美的紫砂艺术品的成功，实际上是艺术的综合反映，不仅是设计、材质、制作的过程，而且还是土与火的艺术结晶。作为一个从事紫砂陶艺的工作者，如果只懂得设计制作，不懂得原料的性能以及在烧成中的工艺转化，也实现不了设计的理想效果。

纵观《曲壶》的壶体形象，来源于蜗牛的有机生态，整个壶体只用一条蜗线贯通，壶身和把的结合形成的整体，既有线的变化，又有面的变化，每个线面的结合协调柔和，变化又统一，线的处理挺秀清晰，静中有动、动中有静，并在嘴和把的内部形成壶空间与壶的实体对比强烈，更显示壶体轮廓线的美，允分体现韵律美。紫砂《曲壶》的创作，突破了紫砂壶艺的传统规律，是现代陶艺在紫砂陶艺中的体现和尝试。

第六章

精品赏析

汪寅仙从事紫砂艺术以来，不仅对紫砂塑器艺术有深刻的研究，而且对简练的几何形体也有一定的艺术追求和研究。她技术全面，兼容各派技艺，善于将自然生态美注入壶艺之中，施艺严谨，手法独特，共设计创作新品300多件（套），种类有壶、茶具、咖啡具、酒具、花盆、瓶、文房四宝陈设品等，作品造型各异，格调高雅，其中4套被故宫博物院收藏，3件成为北京中南海紫光阁陈设。她的作品在中国国家博物馆、上海博物馆、南京博物院、中国工艺美术珍宝馆、香港茶具文物馆、台湾历史博物馆、无锡博物馆、宜兴陶瓷博物馆、美国大都会博物馆、英国大英博物馆均有收藏，有些作品还被选为国家领导人出访礼品。她的作品曾在日本、美国、德国、法国、新加坡、加拿大、马来西亚、澳大利亚、葡萄牙、中国香港、中国台湾等20多个国家及地区展览。（图6-1～图6-85）

图6-1　仿《项圣思桃杯》，1962年最先仿制的《项圣思桃杯》送往莫斯科展览，1987年又为北京中南海紫光阁制作收藏

图 6-2　3200 毫升五代同堂提梁壶，1992 年创制

▲ 图 6-3　圣桃壶，现收藏在中国工艺美术珍宝馆，曾被评为一级藏品，1991 年创制

▲ 图 6-4　玉桃壶，2009 年创制

▲ 图 6-5　葡萄杯，1974 年创制。1979 年邓小平访问日本选作国礼

▲ 图 6-6　矮梅桩，1983 年创作

▲ 图 6-7　上梅桩壶，1993 年创制

▲ 图 6-8　铁梅壶，1991 年创制

图 6-9　弯鏊梅桩壶，1978 年摹古的成名作

图 6-10　栀子花桩壶，1998 年

图6-11　玉梅壶，2009年创制

图6-12　罗汉松壶，1991年创制

↑ 图6-13　大黑松壶，1994年创制

↑ 图6-14　圣柏壶，1990年创制

图 6-15　巧色松柏常青壶，1998 年创制

图 6-16　松柏常青壶，1999 年创制

图 6-17 松竹梅壶，1990 年创制

图 6-18 木棉桩壶，1974 年创制

图 6-19　月映锦松壶，2009 年创制

　图 6-20　竹报平安壶，2009 年创制

图6-21　双提梁壶，1988年与韩美林合作

图6-22　蝉衣斑竹壶，1994年创制

图 6-23　斑竹提梁壶，1990 年创制

图 6-24　仿杨氏风卷葵壶，1978 年仿制，被选为邓小平访日礼品

图 6-25 供春茶具，1984 年创制

图 6-26 螭龙供春壶，1988 年创制

图 6-27　翠鸟莲蓬壶，现为香港茶具文物馆收藏

图 6-28　4500 毫升特大南瓜壶，1987 年创作

图 6-29　绿泥扁南瓜，1998 年创制

图 6-30　高南瓜，1995 年创制

🔺 图 6-31 巧色南瓜壶，1996 年创制

🔺 图 6-32 红南瓜壶，1996 年创制

▲ 图6-33 南瓜壶，1991年创制

▲ 图6-34 丰衣足食壶，1994年创制

▲ 图6-35 老井提梁壶，1988年创制，与叶荣枝合作

▲ 图6-36 花蕾壶，1988年创制，与韩美林合作，泉海陶刻

▲ 图6-37 天乐壶，1995年创制

167

图 6-38　秋韵壶，2012 年创制

图 6-39　荷塘月色壶，1993 年创制，上海画家吴清霞书画

图 6-40　柿子壶，1982 年创制

图 6-41　小渔翁套壶，1988 年创制

图 6-42　仿古壶，1979 年创制

图 6-43　浣纱童子壶，1983 年创制，为大生产样品壶　图 6-44　沙弥壶，1987 年创制，为大生产样品壶

▲ 图6-45　神鸟出林壶，1990年创制。2007年被故宫博物院收藏

▲ 图6-46　百果水平壶，1981年创制。1982年获陶瓷设计评比三等奖。在20世纪80年代早期，有较大批量的出口订货

图 6-47 大线圆壶，1981 年创制

图 6-48 桥线壶，1976 年创制。现为宜兴中国紫砂博物馆一级馆藏品

图6-49　大亨掇只壶，1994年创制

图6-50　韵石壶，1990年创制

▲ 图 6-51　迎春喜壶，1990 年创制

▲ 图 6-52　矮石瓢壶，1992 年创制

▲ 图 6-53　石瓢提梁壶，1993 年创制

图 6-54　渔翁壶，1987 年创制，壶刻字画为范曾作品

图 6-55　晶焱壶，1990 年与张守智合作

图 6-56　光明印包壶，1972 年仿陈光明印包壶，为上海博物馆收藏

图 6-57　芝灵壶，1992 年创制

图6-58　线韵壶，1990年创制

　图6-59　红大一粒珠壶，1993年仿制

图 6-60　均提壶，1975 年创作，现收藏在中国紫砂博物馆

图 6-61　高流金钟壶，1961 年

▲ 图 6-62　缘方壶，1990 年创制

▲ 图 6-63　九头冬梅茶具，1976 年在中央工艺美术学院学习的结业设计，由谭泉海装饰刻画。北京故宫博物院收
藏，1978 年被选为邓小平的访日国礼

图 6-64　五头菱泉茶具，1981 年创制

图 6-65　五头苑菱茶具，1984 年创制

▲ 图 6-66　龙凤大印包壶，1988 年仿制

▲ 图 6-67　砂天鸡壶，1982 年创制

▲ 图 6-68　夔龙图案壶，1984 年创制

▲ 图 6-69　金福寿壶，1988 年创作

▲ 图 6-70　汪寅仙作品，1957 年学徒第二年习作

▲ 图 6-71　狮象玉鼎壶，1998 年创制

▲ 图 6-72　象脚壶，1987 年工厂出口产品样品壶

▲ 图 6-73　乳香炉壶，1990 年创制

▲ 图 6-74　万象更新壶，2012 年为庆祝党的十八大胜利召开创作，2013 年，在台湾举办的"陶都风·宝岛情"展览
展出后，被台湾历史博物馆收藏

图 6-75　红玉壶，1999 年创制

图 6-76　群欢壶，2010 年，为参加上海世博会展演而创作

▲ 图 6-77　心手相连壶，1999 年创制，2000 年被无锡市博物馆收藏

▲ 图 6-78　九头龙凤酒具，1977 年创制

🔺 图 6-79　小商鼎盆，1972 年创制，现收藏在宜兴中国紫砂博物馆

🔺 图 6-80　小飞雪迎春盆，1974 年创制，1987 年被中南海紫光阁收藏，后宜兴中国紫砂博物馆也收藏了同款作品

图 6-81 松竹梅文具，1987 年创制

▲ 图 6-82　虎头三足水仙盆，1980 年创制，冯其庸先生字，谭泉海陶刻

▲ 图 6-83　彩陶吊兰盆，20 世纪 80 年代早期创作

图6-84　彩陶集锦小盆，1987年创制，谭泉海协助装饰

▲ 图6-85 十二头鱼形文具，1978年创制

参考文献

[1] 路甬祥，杨永善.中国传统工艺全集·陶瓷[M].郑州：大象出版社，2004.

[2] 文物编辑委员会.中国古代窑址调查发掘报告集[R].北京：文物出版社，1984.

[3] 冯骥才.中国非物质文化遗产百科全书·传承人卷[K].北京：中国文联出版社，2015.

[4] 江苏宜兴陶瓷工业公司.紫砂陶器造型[M].北京：轻工业出版社，1978.

[5] 潘春芳.宜兴紫砂器造型图集[J].北京：荣宝斋出版社，2008.

[6] 史俊棠.紫砂研究第2辑[M].上海：上海古籍出版社，2007.

[7] 邱春林.中国工艺美术大师全集·汪寅仙卷[M].成都：四川美术出版社，2010.

[8] 山谷.中国紫砂大师[M].上海：上海古籍出版社，2003.

[9] 贺云翱.紫砂大师访谈录[M].北京：文物出版社，2008.

[10] 史俊棠，盛畔松.紫砂春秋[M].上海：文汇出版社，1991.

[11] 史俊棠，黄馨仪.陶都风·宝岛情——宜兴紫砂艺术台北展画册[M].台北：盈记唐人工艺出版社，2013.

[12] 徐秀棠，山谷.紫砂入门十讲[M].上海：上海古籍出版社，2006.

[13] 史树青.紫砂壶[M].长春：吉林出版集团有限责任公司，2007.

[14] 陆浦东.五色土——中国宜兴紫砂名家报告文学集[M].上海：学林出版社，1994.

[15] 裴峻峰.石民冶陶——裴石民紫砂艺术[M].上海：上海古籍出版社，2009.

[16] 院史编写组.清华大学美术学院（原中央工艺美术学院）简史[M].北京：清华大学出版社，2011.

[17] 故宫博物院.2007年国际紫砂研讨会论文集[C].北京：紫禁城出版社，2009.

[18] 吴光荣.紫砂意象[C].杭州：中国美术学院出版社，2011.

[19] 朱可心紫砂陶艺百年纪念编委会.朱可心紫砂陶艺百年纪念[M].上海：上海人民美术出版社，2003.

[20] 曲延波.中国明清紫砂壶艺鉴赏[M].上海：上海科学技术出版社，2007.

[21] 徐风.一壶乾坤——紫砂历史大散文[M].北京：中国青年出版社，2010.

[22] 江苏省陶艺专业委员会.江苏陶艺[J].2005.

[23] 江苏省宜兴陶瓷（紫砂）文化研究会.宜兴紫砂[J].2009.

[24] 钱大江.中国紫砂.中国紫砂杂志[J].2009.

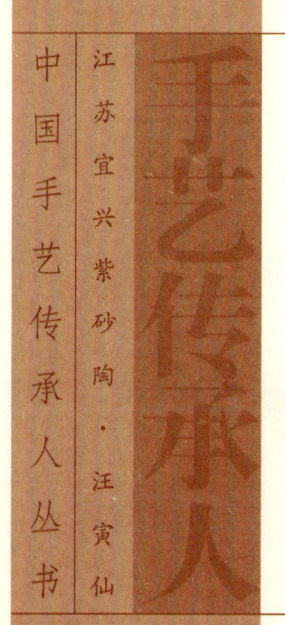

附 录

汪寅仙简介及年谱

汪寅仙，1943年6月生于江苏省宜兴市丁蜀镇陶瓷世家。现为中国工艺美术大师，首批国家级非物质文化遗产"宜兴紫砂陶制作技艺"国家级代表性传承人。

汪寅仙1956年考入蜀山陶业生产合作社紫砂工场，师从吴云根、朱可心等著名老艺人。1973年进紫砂厂研究所，专业从事紫砂造型设计创作。1982年任紫砂工艺厂紫砂研究所副所长。曾荣获江苏省有突出贡献的中青年专家、江苏省三八红旗手标兵、全国劳动模范、全国三八红旗手、中国民间文化杰出传承人、亚太地区手工艺大师等荣誉称号。

汪寅仙从艺紫砂60余载，技艺全面，博采众长，在紫砂塑器、光货等创作领域均有经典作品问世，共设计创作新品300多件（套），种类有壶、茶具、咖啡具、酒具、花盆、瓶、文房四宝陈设品等。曾成功仿制《项圣思桃杯》《风卷葵壶》等历史经典名作，有《曲壶》《神鸟出林壶》《渔翁茶具》《蝉衣斑竹提梁壶》等代表作品。

1943 年

6月12日，生于江苏省宜兴市丁蜀镇陶瓷世家。

1956 年

7月，丁山小学毕业。

11月，考入蜀山陶业生产合作社紫砂工场，师从老艺人吴云根学习紫砂陶手工成型法。

1958 年

4月，跟随蒋蓉学艺。

8月，被紫砂工艺厂聘为"小辅导"，带班班组有47名学生。因为三年学业尚未修完，在本人的积极要求下，回到学习班组，跟随裴石民、朱可心学艺。

1959 年

11月，以年级第三名的优秀成绩结业，工资破格提升为二级副。同年底，跟随师傅朱可心成功仿制《项圣思桃杯》。

年底，配合沈巨华带学徒工培训，担任"小辅导"。

1961 年

被紫砂工艺厂派往北京参加展会。

1960~1964 年

参加厂内技术革新活动，如注浆成型、辘轳车成型实验。在成型车间负责成人班学员20余人的生产技术工作。

1962 年

在朱可心指导下，独立完成《项圣思桃杯》仿制。朱可心、汪寅仙、倪顺生三人将桃杯送到北京，由对外文化联络部送莫斯科参展。

1963 年

参观广东"中国出口商品交易会"。

1964 年

参加在广州文化公园举办的"江苏省工艺美术展"。

1965 年

参加在北京团城举办的"江苏省工艺美术展"，负责接待和物品保管。

1966 年

"文革"期间，红卫兵"破四旧"将汪寅仙的名字改为汪朝阳，到70年代中后期复原为汪寅仙。

1971 年

担任第一成型车间"三三班"班长，负责生产技术。

1972 年

作品《光明印包壶》被上海博物馆收藏。

1973 年

3月，调入宜兴紫砂工艺厂研究室，专门从事紫砂造型设计。

1974 年

设计并制作了《紫砂葡萄杯》，该作品被选送日本、葡萄牙、加拿大等国展览，1979年被国家选为邓小平访日礼品。

1975 年

9月，参加由中央工艺美术学院举办的"江

苏省日用陶瓷美术设计训练班",脱产进修学习 11 个月,结业作品《九头冬梅茶具》被中央工艺美术学院收藏,同一款式作品 1978 年又被故宫博物院收藏,还被国家选为邓小平访日礼品。

1976 年

8 月,参与由宜兴陶瓷公司主编、北京轻工业出版社出版的《紫砂陶器造型》一书的测绘制图工作。

1977~1978 年

设计并制作了《十二头鱼形文具》(与徐秀棠合作设计)和《四头梅桩文具》,1979 年被故宫博物院收藏。设计制作的《十二头龙凤酒具》入选全国工艺美展和全国陶瓷美展。

1978 年

7 月,收江建翔为徒。

1978~1979 年

两年间,为邓小平、华国锋、邓颖超访日制作《紫砂桃杯》《葡萄杯》《风卷葵壶》《九头冬梅茶具》《云龙茶具》《咏梅壶》《光集玉壶》《翠鸟莲蓬壶》等指定礼品。

同年为江苏省领导赶制出国礼品。

1979 年

香港商人罗桂祥到紫砂工艺厂订制高档紫砂产品,汪寅仙参与制作。应罗订货要求,汪寅仙将自己的名字由"汪朝阳"恢复为"汪寅仙"。

作品《九头冬梅茶具》《十二头鱼形文具》《四头梅桩文具》被故宫博物院收藏。

1980~1982 年

设计并制作的 9 件《百果水平壶》《紫砂挂笔架》分别获得 1982 年全国陶瓷设计评比三等奖,其中《百果水平壶》因获得较大批量订货而被投入生产。

1981 年

5 月,当选宜兴县第八届人民代表大会丁蜀代表。

1982 年

与著名艺术家韩美林合作的 4 种"小水注"、5 件"小花插"和"小扁壶",港商有小批量出口订货。

受聘为紫砂工艺厂紫砂研究所副所长。

1983 年

《梅桩》系列小壶获得江苏省四新产品评比一等奖,由于出口订货量较大,常年生产。

仿制的《供春树瘿壶》获全国同行业评比优胜奖。

成功仿制杨氏《风卷葵壶》。

万里委员长到访汪寅仙工作室。

收邹玉芳为徒。

《五头苑菱茶具》获公司新品设计二等奖。

1984 年

收吴亚亦为徒。

设计制作《夔龙图案壶》《高南瓜壶》。

1985 年

收魏志云、梅宝玉为徒。

6 月,赴香港参加锦锋公司举办的紫砂艺术展。访问香港中文大学文物馆、罗桂祥等人的"敏求精舍"等紫砂收藏机构。

《九头高寿梅桩茶具》获江苏省四新产品设计一等奖。

1986 年

收丁洪顺、何敏、王铭东、刘建军等 9 名学生为徒。

与中央工艺美术学院张守智教授合作设计并制作的《珊珊咖啡茶具》获全国陶瓷设计评比二等奖。

与顾绍培、潘竹林到中南海紫光阁做陈设品

考察。

1987 年

完成中南海紫光阁紫砂陈设品创作，《珊玷咖啡壶》、仿明代《桃杯》被中南海紫光阁收藏。

录制香港电视台新闻节目介绍《五代同堂壶》。

设计制作的《金秋南瓜壶》《大南瓜壶》《金龟子南瓜壶》在香港展出。

1988 年

参加首届中国宜兴陶瓷艺术节，现场演示并进行学术交流活动。

《紫砂塑器——花货》一文登载于《紫砂春华》一书。

与韩美林合作的《小壶》、与辛国勋合作的《争春艳砚台》在日本东京展出。《曲壶》形象被选为日本电话卡图案。

10 月，参加日本东京举办的中日友好条约缔结十周年纪念活动"中国宜兴陶瓷艺术展"，中央工艺美术学院教授张守智等同行。《曲壶》被大英博物馆收藏。

1989 年

4 月，受聘为紫砂工艺厂副总工艺师。

6 月，荣获"江苏省有突出贡献的中青年专家"称号。

10 月，当选为"全国劳动模范"。

晋升为高级工艺美术师。

荣获"全国三八红旗手"荣誉称号。

收姚志源为徒。

20 世纪 80 年代

作品《桃杯》《翠鸟莲蓬壶》《月宫迷你逗盆》《小放牛壶》，被香港茶具文物馆收藏。

1990 年

《曲壶》获得国际精品大奖赛一等奖和全国陶瓷设计评比一等奖。

1991 年

参加在北京举行的国际陶瓷研讨会。

9 月，参加香港中艺公司举办的"中国陶瓷艺术大师暨一九九零年获奖作品展"。

收姚志泉为徒。

论文《花货造型艺术及工艺技法》一文刊登于香港出版的《紫砂当代名人作品集锦》一书，该文获得上海《文汇报》与紫砂二厂联合举办的征文活动二等奖，宜兴市科委论文评比三等奖。

作品《曲壶》和《弯把梅桩壶》分别被订制赠送美国大都会博物馆。

1992 年

3 月，参加新加坡张苏贸易公司举办的"中国宜兴紫砂名人作品展览"。

在首届紫砂文化研讨会上做《曲壶设计制作的几点体会》报告。

应香港收藏家罗桂祥邀请，制作《曲壶》《桃圣壶》《弯把梅桩壶》《大一粒珠壶》《秦权壶》《南瓜壶》等作品。

收吴亚萍为徒。

《五代同堂壶》由香港锦锋公司展出，并以31.8 万港币成功竞拍。

10 月，参加上海许四海举办的紫砂陶艺展览，《大渔翁壶》以 18.6 万元拍卖。

1993 年

9 月，应台湾鸿德文化基金会及台湾同乡会之邀，与顾景舟一行 11 人赴台北参加由知远发展基金会主办的"宜兴陶艺·顾景舟师生作品联展"。在台湾学术交流活动中做"浅谈紫砂花货艺术的魅力"演讲。

作品《桃圣壶》被中国工艺美术珍宝馆收藏。被定为一级藏品。

收汪叶为徒。

1994 年

作品《九头南瓜提梁壶》被台北历史博物馆收藏。女儿与鲍廷博结婚，指导鲍廷博紫砂创作。

1995 年

《九头南瓜提梁茶具》在台湾展出，被台湾历史博物馆收藏。

6 月，上海教育电影制片厂为汪寅仙拍摄了宣传片。

8 月，赴北京参加"第四届世界妇女大会NGO妇女论坛"，并在"全国百名女能手展演会"上表演紫砂陶制作技艺。

9 月，应马来西亚大地茶行邀请，参加吉隆坡、槟城"中国宜兴紫砂陶名人珍品大展"。

1996 年

参加第五届宜兴陶艺节"紫砂国际研讨会"，论文《紫砂的艺术内涵》成为大会的交流论文。

7 月 9 日，参加中韩两国陶瓷艺术家交流活动。

1997 年

1 月，台湾唐人工艺机构出版《汪寅仙紫砂作品集》一书。

4 月，中央电视台拍摄并播出《东方之子——汪寅仙》专题节目。

9 月，荣获"中国工艺美术大师"荣誉称号，受国务院总理李鹏接见。

10 月，赴香港参加由香港中文大学文物馆举办的"紫泥清韵——陈鸣远陶艺研究会"，并做"陈鸣远陶艺欣赏"主题发言。

1998 年

1 月，作品《曲壶》的形象由国家制作成明信片公开发行。

4 月，在杭州参加由浙江省博物馆与香港中文大学、上海博物馆合办的"陈鸣远陶艺研究会"。

5 月，赴台湾参加"宜兴紫砂茗壶展""跨世纪紫砂陶艺特展"。

10 月，参加上海博物馆举办的"陈鸣远陶艺研究会"。

从紫砂工艺厂正式退休。

收王志刚为徒。

1999 年

3 月，赴台湾参加"宜兴紫砂精品展"。

10 月，《千禧壶》《斑竹提梁壶》捐赠给南京博物院。

11 月，捐赠《千禧壶》参加台湾赈灾义卖。

2000 年

3 月，与子姚志源、媳吴亚萍、女姚志泉、婿鲍廷博赴马来西亚举办"汪寅仙家属紫砂精品展"。

《曲壶》捐赠给中国历史博物馆。

《心手相连壶》捐赠给江苏无锡博物馆。

2001 年

5 月，参加"中国宜兴国际陶艺研讨会暨陶艺展"，担任评委。

8 月，参加"韩国世界陶瓷博览会"，并捐赠《世纪泥歌壶》，被韩国收藏。子姚志源在韩国展演。

10 月，在北京中国工艺美术珍宝馆举办"汪寅仙紫砂作品展"，汪寅仙作品与姚志源、吴亚萍、姚志泉、鲍廷博作品共同展出。

2002 年

8 月，应邀参加山东省淄博市国际陶瓷博览会。

10 月，参加中国工艺美术协会、中国陶瓷协会在浙江龙泉举办的"第七届全国陶艺创新展"，担任评委。

2003 年

3 月，参加在大连举办的"第 37 届全国工艺美术品博览会",担任评委。

10月,应邀参加中国广东石湾传统陶艺节,被授予"中国陶艺大师"荣誉称号。

11月,参加江苏在法国巴黎举办的"中法文化年·锦绣江苏"活动。考察访问法国、比利时、卢森堡、荷兰、德国、奥地利等国。

2004 年

4月,全国人大常委会副委员长李铁映到汪寅仙工作室参观。

2005 年

5月,参加宜兴国际陶艺研讨会及太湖博览会。

6月,代表宜兴陶艺界,参加"广州芳村茶文化博览会"。

10月,参加江西景德镇"国际陶艺博览会"。作品《曲壶》被中南海紫光阁收藏。

12月,应邀赴香港中文大学参加"陈鸿寿艺术研讨会"。

获得"研究员级高级工艺美术师"职称。

2006 年

8月,赴北京担任"第五届中国工艺美术大师评选"评委。

10月,参加中国陶瓷协会在宜兴举办的第八届全国陶艺创新评比,担任评委。

11月,参加广州茶博会。

2007 年

4月,赴香港参加唐氏紫砂艺术有限公司主办的"当代紫砂名壶艺术展"。

参加北京故宫博物院举办的"宫廷紫砂展",创作的《神鸟出林壶》捐赠给故宫博物院收藏。

6月,荣获"首批中国民间文化杰出传承人"称号。

被文化部授予"首批国家级非物质文化遗产项目·宜兴紫砂技艺代表性传承人"称号。

9月,参加广东东莞周末文化活动。

参加北京故宫博物院举办的"紫砂国际研讨会"活动,做《紫砂手工成型的工艺技法》学术演讲。

11月,应邀参加浙江龙泉"第二届中国龙泉青瓷、龙泉宝剑节"活动。

2008 年

3月,参加杭州唐云纪念馆《曼生壶》研讨会。

4月,赴溧阳市考察陈曼生遗迹。

5月,参加中国工艺美术学会第三届全国会员大会,当选为理事。

8月,北京奥运会期间,应文化部邀请,作为国家级非物质文化遗产代表性传承人,与弟子吴亚亦、梅宝玉在北京民族文化宫做操作表演。

9月,参加贵阳"斗壶"大赛,任评委。

担任第 34 届国际陶艺大会宜兴分会场手工操作大赛评委。

12月,赴广东东莞参加文化周活动,并做学术讲座。

2009 年

2月,在北京农业展览馆参加"中国非物质文化遗产传统技艺大展"活动,弟子吴亚亦、梅宝玉,儿子姚志源一同参加表演。

6月,参加由江苏省宜兴市人民政府在北京中国美术馆举办的"陶都风——中国宜兴陶瓷艺术大展",出席学术研讨会及"十位国家级大师媒体见面会"。展览期间,指导儿子姚志源现场操作演示紫砂技艺。展览作品《松竹梅壶》捐赠给国家非物质文化遗产保护中心收藏。

中国艺术研究院出版《中国工艺美术大师全集·汪寅仙卷》。

11月,随江苏省代表团赴台湾参加江苏周文化交流活动。

中央电视台《人物》栏目播出汪寅仙专题片。

2010 年

6月,参加上海世博会非物质文化遗产展演

"江苏文化周"，儿子姚志源配合表演。

12 月，赴福建厦门参加海峡两岸茶文化活动。赴北京人民大会堂接受非物质文化遗产传承人特别奖颁奖。

收郁晴为徒。

2011 年

6 月，应邀赴台湾艺术大学参加"国际陶艺茶艺研讨论坛"并演讲，姚志源进行紫砂技艺操作表演。

获"省质量万里行德艺双馨"称号。

2012 年

2 月，在北京参加文化部等部委举办的国家非物质文化遗产保护成果展演活动。弟子吴亚亦、梅宝玉、姚志源陪同。

2 月 17 日，赴北京中央电视台录制《天涯共此时》节目。

《深切怀念著名紫砂老艺人王寅春先生》一文，发表在《紫砂巨匠王寅春》一书中。

6 月，荣获文化部"中华非物质文化遗产代表性传承人薪传奖"。

9 月，参加中国国家博物馆紫砂大展活动，《祥龙壶》被中国国家博物馆收藏。与姚志源合作的《祥龙玉鼎壶》被中国国家博物馆收藏，与韩美林合作的《格古尚在壶》被中国国家博物馆收藏。

2013 年

10 月，赴台湾参加"陶都风·宝岛情"宜兴紫砂艺术展活动，作品《万象更新壶》被台湾历史博物馆收藏，以"紫砂花货的艺术魅力"为题发表演讲。其间，拜会中国国民党荣誉主席连战。

获得中国陶瓷设计教育终身成就奖。

收徐海林、丁伯君为徒。

2014 年

3 月 7 日，当选为宜兴市陶瓷行业协会女陶艺家分会会长。

4 月上旬，参加河南郑州举办的文化艺术交流活动。

4 月下旬，在山东济宁参加紫砂文化交流活动，接受济宁电视台专题采访，姚志源同行。

6 月，收残疾人范培君为徒。

为北京大学在宜兴举办的紫砂高级研究班做"紫砂制作技艺及紫砂五大美"讲座。

8 月，在北京饭店参加 APEC 全球女性领袖峰会，做主题演讲，《新品益丰壶》被评为"世界杰出女性创作奖"，由组委会收藏。

11 月，在丁蜀镇成人职业学校做"紫砂的工艺技法处理"专题讲座。

12 月，参加广东佛山陶瓷艺术节，参加"全国五大名窑座谈会"，姚志源同行。

2015 年

3 月 8 日，担任主编的《宜兴巾帼陶艺家作品集》举行首发式。

3 月，为星云大师设计制作《佛光壶》。

4 月，参加"潍坊第八届文化艺术节"，接受多家媒体采访。

5 月 7 日，应美国驻青岛国际文化基金会邀请，参加"艾达艺术银行第二届艺术鉴藏文化节"，致开幕词，并参加论坛。

5 月，接受中文国际频道《流行无限》栏目专访，录制非遗传承人节目。

6 月，收残疾人陈忠庆为徒。

7 月，在扬州参加"三阳和谐·美善陶都"展览交流活动。

8 月，在中国宜兴陶瓷博物馆参加海峡两岸陶瓷文化交流。

在香港参加"陶都风"展览，发表《宜兴紫砂的传承与创新》一文，接受多家媒体采访，姚志源同行。

9 月，参加山西省文化艺术节，考察山西平定陶瓷产区，姚志源同行。

10 月 18 日，参加上海举办的"百年景舟展览会"开幕式及交流活动。

10 月 19 日，参加在宜兴举办的"江苏省宜兴紫砂工艺厂六十周年庆暨纪念顾景舟百年诞辰紫砂艺术展"活动。

10 月 29 日，接受 3D 电影"美丽中国"摄制组专访，录制非遗节目。

10 月，在宜兴市文管会举办的国际研讨会上做《我的制壶工具》专题演讲，文章《我的制壶工具》发表在《紫泥沉香》一书中。

2016 年

4 月，参加中国宜兴陶瓷博物馆与江苏淮安博物馆对口交流展交流活动。

5 月，带领宜兴女陶艺家参加在江西景德镇举办的"全国女陶艺家作品展"，并进行了广泛交流。

6 月 5 日，向中国宜兴市博物馆捐赠《金秋南瓜壶》，作为馆藏。

9 月，在《中国陶瓷画刊》（第 89 期）发表《探析宜兴紫砂的塑器花货》。

10 月，文章《汲古融今天下可，师恩永志壶艺心——深切怀念恩师朱可心先生逝世三十周年》发表在《紫砂汇》一书中。在宜兴举办的"朱可心紫砂艺术研讨会"进行专题发言。

11 月，被世界手工艺理事会亚太地区分会评为"亚太地区手工艺大师"。

2017 年

2 月 12 日，收孙女姚嘉慧为徒。

5 月，收残疾人冯巷华为徒。

后 记

汪寅仙是当代宜兴紫砂陶技艺的代表人物之一，一位德艺双馨的紫砂陶制作大家。她在技艺上师承吴云根、朱可心等一代名家制壶精髓，博采众长，技艺全面，自成一家。从艺60余年来，汪寅仙在紫砂艺术创作、研究与传艺授徒方面均有自己的贡献。我们"中国手艺传承人"项目联系上汪老师之后，先后与她进行了3次深度访谈。汪老师对两个初入学门的年轻人所提的问题均做了耐心解答，在百忙之中全力配合书稿的编写，尤其是她平易待人、行事严谨的做人做事态度令人感激、感佩、感念，所获匪浅。

汪寅仙的丈夫姚荣培先生、儿子姚志源和儿媳吴亚萍以及徒弟江建翔、吴亚亦等在我们采访期间，也给我们提供了很大的支持，在此一并致谢！

感谢中国民间文艺家协会主席、山东工艺美术学院院长、民艺学者潘鲁生先生将这个重要的课题交给我们。感谢薛慧志老师及其家人，有了她的引见，使得课题进展得十分顺利。另外，还要感谢本项目负责人董占军教授高屋建瓴的指导，感谢海天出版社杨月进编辑的督促指导。感谢好友杨柳，他研究生毕业后便在宜兴精研壶艺，在宜兴考察期间给予了我们莫大的帮助！感谢项目组学术秘书张传寿老师的支持。感谢杜润华同学对采访进行全程视频记录。